中华人物故事汇

中华先烈人物故事汇

袁国平

军事科学院解放军党史军史研究中心

学习出版社

目 录

Contents

引 子

20世纪上半叶，中国山河破碎，血雨腥风，民族矛盾和阶级矛盾纵横交错，中国面临四分五裂乃至亡国灭种的危险。

然而，中华民族历经磨难，却依然屹立于世界的东方。纵观世界四大古文明，唯中华文明从未断裂，炎黄子孙引以为豪。

中华文明为什么会有如此强大的生命力？因为创造这个文明的民族，总有无数仁人志士，能够在黑暗中挺身而出，高举火炬，引领这个民族走出苦难的深渊，奔向光明的未来，袁国平就是其中的杰出代表。

1906年5月26日，袁国平出生于湖南省邵东县一个贫苦的农民家庭。16岁考入湖南省立第一师范学校，深受进步教师和革命先驱的影响。19岁考入黄埔军校，在国共两党激烈的交锋中，毅然选择加入中国共产党，成为一名坚定的共产主义战士。

1926年7月，20岁的袁国平担任北伐军左翼宣传队第四队队长，随左翼宣传队队长周逸群到贺龙的部队做宣传鼓动工作。短短几个月，周逸群和袁国平就把这支部队改造成焕然一新的革命武装。这支部队就是南昌起义的主力第20军，贺龙担任南昌起义总指挥，南下途中毅然加入中国共产党。

袁国平参加了南昌起义和广州起义，后任工农革命军第4师代理党代表、第5师师长、湘鄂赣特委宣传部长并代理书记、红军第三军团政治部主任、中国抗日红军大学训练部长兼第三科政治委员，总政治部副主任兼红军第一方面军政治部代主任、中国人民抗日军事政治大学第二校政治委员、陇东特委书记、新四军政治部主任等职。毛泽东称赞袁国平“政治开展，经验亦多”，是杰出的政治工作领导者。

然而，奋斗总要付出代价。那些为国家为民族不顾一切，直至献出宝贵生命的英雄，恰恰是这个民族最优秀的儿女。袁国平出口成章，能言善辩，是难得的大才子。面对内忧外患的中国，袁国平毅然投笔从戎，参加伟大的民族解放斗争。作为田汉的得意门生，袁国平早在黄埔军校就发表了《革命文艺谈》，后又在枪林弹雨中亲临第一线指挥作战，做好战时政治工作，开展战地文艺，创办《红军日报》《政治工作》《抗敌报》和《抗敌》杂志，为《红星》报、《革命与战争》等报刊撰稿，主持创作《新四军军歌》。袁国平的部分著作，后汇编为《袁国平文集》公开出版发行。

1941 年 1 月 15 日，在那场震惊中外的皖南事变中，年仅 35 岁的新四军政治部主任袁国平身负重伤，为了不影响部队行动，不拖累战友，举枪自尽，践行了“如果我们有一百发子弹，要用九十九发射向敌人，最后一发留给自己，决不做俘虏”的诺言。

袁国平面对死亡毫不退缩，这不是偶然的。1927 年 5 月，21 岁的袁国平在给母亲的信中写道：“此行也，愿拼热血头颅，战死沙场，以搏一快。”1938 年三四月间，袁国平在给侄子袁振鹏的信中亦表示，愿为中华民族之生存、解放和夺取抗战的最后胜利而勇敢战斗，“纵然捐躯疆场，死而无憾”。几个月后，袁国平在给其兄袁醉如的信中再次提到：“愿以最后一滴血贡献于国家民族”。

中华民族正是有了袁国平这样的革命先烈，才支撑起这个民族打不断的脊梁。

01

投身革命

读书不忘救国

袁国平，原名袁幻成，后改为袁裕，字醉涵。1906 年 5 月 26 日，出生于湖南省宝庆府范家山袁家台（今邵东市牛马司镇龙旗村）一个贫苦的农民家庭里。父亲袁九洄，家境贫寒，为人诚实，12 岁到邵阳学弹棉花，直到 32 岁，才同比他小 15 岁的农家女刘冬秀结婚。刘冬秀聪明能干，泼辣善辩，很有主见。

婚后，袁九洄和刘冬秀一起到宝庆城做生意，起早贪黑，积攒渐多。为了更好地发展，他们就在宝庆城内商业繁华地段租了一间小铺面，生意越做越红火，日子也过得比较安定。袁九洄夫妇生育两男两女，袁国平排行第三。夫妻俩深感缺少文化之苦，随着经济条件的改善，袁国平刚懂事时，两人就决定送他上学读书，好好培养。

1912年，6岁的袁国平入私塾。9岁那年，转入里仁初级小学读新学，由于他勤奋好学，成绩在年级里始终名列前茅。此时，辛亥革命爆发不久，“革命”二字在袁国平的脑海里打下了深深的烙印。一年后，袁国平转到宝庆城外的循程学校读高小，不久就听说学校主要创办人之一的李洞天，在循程学校开办后的次年，就因宣传革命，被湖南督军汤芗铭残害致死，这在袁国平幼小的心灵里留下了难以磨灭的印记。

袁国平酷爱古典文学，一有空就研读唐诗宋词。有一天，老师吴聪省带着同学们郊游，当看到远山近水一派好景色时，吴老师决定启发一下学生们的诗兴，说道：“请同学们借眼前的美景作首诗吧。”

袁国平看着万山景色尽收眼底，不假思索地吟诵出七绝二首《登佘湖山》，其一为：“万山围绕乱如麻，何处登临望眼赊。堪羡高峰能独立，巍然不被晚云遮。”其二为：“山势高撑可摘星，游人来去不曾停。高瞻远瞩谁知我？将谓来庵听佛经。”吴老师听后，大加称赞。

袁国平在循程学校读书的第二年，父亲袁九洄病逝，他不得不回家帮助母亲和哥哥支撑门面。劳作之余，他沉迷于《新青年》等进步刊物，每期到手，必是三更灯火五更鸡，身处逆境志不移。袁国平辍学后约两年，随着家庭经济状况的好转，又回到了学校。两年后，16 岁的袁国平以优异的成绩毕业于循程学校。

这时，湖南省立第一师范学校在湖南中部招生，在宝庆只招收 4 名公费生。发榜时，袁国平榜上有名。

此时的湖南一师，已经成为培养新青年的摇篮。袁国平在学校里不仅参加文学研究会，还参加“崇新学社”组织的报告会，接受早期的马克思主义宣传和教育。他酷爱文学，经常就唐诗宋词、古典文学、戏剧创作乃至现代文学向老师田汉请教。时间一长，他们不仅是亲密的师生关系，而且成了要好的朋友。

1923年6月1日，日本水兵杀死中国木工王绍元和长沙国民小学学生黄汉卿，引起了长沙市民的极大愤慨，6万多名学生和各界群众举行大游行，袁国平加入游行队伍，还作为讲演团成员，到工人、小贩、苦力集中的大椿桥一带控诉日军暴行。不久，袁国平作为一师的学生代表，被推举参加长沙学联，后被选为湖南省学联执行委员。

1925年3月12日，孙中山在北京逝世，湖南省学联决定参加省会各界筹备的追悼大会。学联执委相聚在一起，商议送挽联的事儿，田波扬首先说道："我想了一副，你们看怎么样？'时势能造英雄，英雄能造时势'。"袁国平听后觉得不错，随口也说出了一副："读书不忘救国，救国不忘读书。"大家一听，都连声叫好。

追悼会现场挂满了挽联，大多数是颂扬孙中山功德的，但也有极少数是带有敌意的。吴佩孚从岳阳寄来挽联，不怀好意地说："今世何多假面目，此公毕竟无心肝"，前一句骂孙中山的部下背叛孙中山，后一句指孙中山装殓入水晶棺前，曾将内脏取出用药水浸泡。

邵阳有个外号叫唐疯子的唐天成，也送了一副挂在大门口，上书：“合肥在直隶，子玉在岳州，遍地尽妖氛，说什么三民五宪；行者闹天宫，中山闹东粤，谁属有功勋，总算是七乱八糟。”唐天成是同盟会会员，在蔡锷部下做过参谋，因蔡锷的死导致精神有些失常。袁国平觉得唐天成这副挽联不妥，便走过去说：“唐先生这副挽联对得工整，不过还有不敢苟同的地方。”唐天成说：“请赐教。”

袁国平说：“‘合肥在直隶，子玉在岳州，遍地尽妖氛’，这指的是段祺瑞和吴佩孚，确实是妖氛，写得好！但下句‘说什么三民五宪’就不对了！既然是‘遍地妖氛’，那更应该实行三民五宪呀！‘行者闹天宫，中山闹东粤’都是革命行动，怎么能说‘七乱八糟’？”唐天成见言之有理，连忙说：“对！对！对！”转身就向袁国平行了个军礼，并说道：“谨受教！后生可畏！后生可畏！”说完，摇着头扬长而去。

这年夏天，袁国平以优异的成绩，毕业于湖南省立第一师范学校。

黄埔军校入党

袁国平从湖南一师毕业之后，受恩师田汉先生之邀，到上海协助创办电影剧社“南国社”。业务上田汉悉心指导，生活上待之亲如兄弟。不久，上海时局紧张，“南国社”因宣传进步思想，被反动当局查封。

残酷的现实让袁国平意识到，帝国主义及其支持下的北洋军阀，是实现中华民族独立、自由、民主、统一的枷锁，要改变中国的现状，不仅需要笔杆子，更需要枪杆子。此时，传来黄埔军校招生的消息，袁国平有一种从未有过的强烈冲动，毅然决定去报考。他打听到黄埔军校在上海的招生点，顺利通过初考，获得到广州参加复考的资格。

田汉先生非常支持袁国平的决定，还替他买好了去广州的船票。1925 年 10 月，袁国平通过了复考，被编入第四期入伍生第1团，次年1月底，又正式升为军官生，编入政治大队政治科第3队。

政治科的教育分军事和政治两大部分，军事教育包括步兵操典、射击教范、战术学、军制学等军事理论和制式教练、战斗教练、实弹射击等军事技术。政治教育以革命理论为主要内容，不同党派、不同学派的思想兼容并包，其中以孙中山的三民主义和马克思的共产主义所占比重较大。黄埔军校的政治教官，除邵力子是国民党左派外，其余政治教官大多是共产党人。政治部主任周恩来，政治总教官恽代英，政治教官萧楚女、高语罕都是共产党员。除此之外，袁国平还听过毛泽东讲农民运动，刘少奇讲省港工人大罢工，从中受到很大的启发和教育。

黄埔军校由国共两党合办，但蒋介石却另立章程，规定凡新生入校，即发登记表，集体加入国民党。袁国平虽然加入了国民党，但他更相信共产党，相信马克思主义。1925年12月，也就是袁国平入校两个月后，就秘密加入了中国共产党。

当时，黄埔军校有两大政治团体，一个是以共产党人为核心的“中国青年军人联合会”，另一个是以国民党反共分子为骨干的“孙文主义学会”。蒋介石为控制共产党人，提出《调和党争办法》，规定校内共产党“一切活动均得公开”，“加入共产党者，须向特别党部声明”。袁国平按照党组织的要求，既未公开申明自己的身份，也未声明退出共产党，而是运用灵活的策略，与孙文主义学会作斗争，揭露他们打着孙中山旗号反对孙中山政策的卑劣行径。

1926 年 3 月 20 日，蒋介石制造“中山舰事件”，声称“共产党阴谋暴动”，逮捕了代理海军局长兼中山舰舰长的黄埔军校第一期学生、共产党员李之龙及其他共产党人。随后，蒋介石又提出“整理党务案”，核心的一条就是“不许跨党”，袁国平毅然选择保留中国共产党党籍。但在具体策略上，他还是根据党组织的指示，以国民党党员身份从事工作。

不久，中国青年军人联合会和孙文主义学会都被迫解散，黄埔军校学生中的共产党员，为了方便开展革命活动，自发成立“革命俱乐部ABC”。“革命俱乐部”是集合地的总称，A指农民运动讲习所，B指省港罢工委员会，C指国光书店，袁国平是该俱乐部的积极分子。

6月10日，袁国平在国民党机关报《广州民国日报》副刊《新时代》第35期发表了《革命文艺谈》一文。他在文章中首先肯定艺术来源于生活，文艺创作者“是这人生战场上的实际参战者”，接着尖锐地批判资本主义文艺的局限性：“文艺之园，是被重封密锁着的，只有资本家的姨太阔少，才能够自由自在的徜徉其中，里面的园丁，也尽是被姨太阔少所收买的拜金文丐。”袁国平直接引用《共产党宣言》，揭露资本主义是“明目张胆的自利，刻薄寡情的现金主义”。他更是对诺贝尔奖不屑一顾：“只看鼎鼎著名的诺贝尔奖金，不是已成了世界文坛上群狗所争之食吗？”

袁国平提倡文艺革命化，鼓励“天才的作家呵，你们应赶快脱离传统因袭的束缚，走到这自由的创造路上来，大胆的呐喊前进，努力打破文艺之园的重封密锁，开始文艺革命化的工作”。同时还指出文艺不能庸俗化，“绝不容革命的概念，消灭了文艺的本性。所以诗歌还是诗歌，小说还是小说，戏剧还是戏剧；不要把诗歌变成了口号，小说变成了宣言，戏剧变成了化装演讲。要是这样，不但糟蹋了文艺，而且也不能唤起人们的革命情绪”。文章一登出，立即引起极大的反响。

随军参加北伐

1924 年 1 月 20—30 日，中国国民党第一次全国代表大会在广州召开，选举了有共产党员参加的新一届中国国民党中央领导机构，形成了“联俄、联共、扶助农工”三大政策，实现了第一次国共合作。为了实现国家统一，结束军阀割据局面，国民革命军于 1926 年 7 月 9 日正式出师北伐。早在 6 月下旬，北伐军总政治部主任邓演达为了突击训练随军北伐的政工人员，从黄埔军校第四期政治大队抽调 300 多名学生，举办战时政治训练班，袁国平被挑选受训。7 月 16 日，短期训练班结束，全班学生到东校场参加北伐誓师典礼，准备出征。

袁国平被分配到北伐军总政治部宣传大队左翼宣传队，该队由总政治部宣传科中校科长周逸群任队长。周逸群是中共黄埔特别支部宣传委员、中国青年军人联合会负责人。左翼宣传队十分重视宣传和组织民众，特别是动员农民支援革命战争。袁国平随周逸群进入长沙后，周逸群培训了数十名队员，其中就有袁国平、李涛、陈恭。随后，这支宣传队直奔驻扎在湖南常德的第 9 军第 1 师，该师师长为贺龙。

8 月上旬，袁国平随周逸群到达常德。贺龙与周逸群一见如故，高兴地说：“真是对不起呀，我们在贵州吃了你家收租来的谷子。”周逸群一听，哈哈大笑：“不要紧，只怕革命军吃少了，越吃得多越好。”原来，贺龙的部队曾两次驻扎在周逸群的家乡贵州铜仁，不仅吃了周逸群家的粮食，还看了周逸群寄给亲友的“中国青年军人联合会章程”和《中国军人》杂志，对周逸群颇有好感。

贺龙再三请求宣传队留在第1师开展政治工作，周逸群留了袁国平等30多名宣传队员。贺龙当天就将周逸群、袁国平等共产党人介绍给他的部下，连连称赞道："人才，人才，共产党就是有人才呀！"

为帮助改造这支部队，周逸群、袁国平与贺龙商定，从部队抽调一部分青年军官，再到地方招收一批学生，开办"国民革命军第9军第1师政治讲习所"，先后培训了2000多名基层军官，其中贺龙部就有800余人。周逸群和袁国平还着手建立政治机关，周逸群任第1师政治部主任，袁国平等宣传队员被安排到师、团级单位开展政治工作。短短几个月，这支队伍的面貌就焕然一新。

为了扩大兵员，周逸群和袁国平与地方党组织取得联系，奔赴各地发动群众，很快招来3000多名新兵。贺龙称赞道："过去军阀招兵一靠钱、二靠绳子。现在我们招兵讲革命道理，一个钱不花，农民都把年轻力壮的子弟送来了。政治工作太重要了！"贺龙的部下刘达五曾比喻说："他们像一滴滴红水落到缸里，正在逐渐扩散，改变着部队的颜色”。

1926 年 12 月，袁国平被调往国民革命军第 11 军政治部工作。不久，他与韩浚一起，负责组建第 11 军教导营，韩浚任营长，袁国平任营政治指导员。1927 年蒋介石发动四一二反革命政变后，中共中央于 4 月 27 日至 5 月 9 日在武汉召开中国共产党第五次全国代表大会。第 11 军副军长兼第 24 师师长叶挺向教导营交代了一项特别任务，要求教导营全力以赴做好党的五大会场的安全保卫工作。

袁国平与韩浚深感责任重大，带着第 1 队队长来到武昌都府堤，现场研究保卫方案，决定将警卫人员分成两部分：一部分身穿军服，全副武装守卫在会场周围，严查与会人员；另一部分身着便衣，秘密监视，隐秘行动。由于袁国平安排周密，工作细致，整个会议期间未出任何问题，确保了会议的安全。

5 月中旬，蒋介石策动驻守在宜昌的国民革命军独立第 14 师师长夏斗寅，乘武汉国民政府统率的军队主力在河南作战之机，率部叛变，向武汉进攻。武汉国民政府任命叶挺为平叛总指挥，率部前往阻击。5 月 15 日深夜，教导营接到命令，袁国平和韩浚分别作紧急战前动员，干部战士群情激昂，各队队长带头高呼“打倒夏斗寅！保卫武汉！”整个军营沸腾起来了！

出发前，袁国平特地寄给母亲一张相片，题句有云：“1927 年 5 月顷，反动派谋袭武汉，形势岌岌，革命之士莫不愤恨填膺，舍身赴敌。斯时，余在第 11 军政治部服务，亦奉命出发鄂西，抗御强寇。此行也，愿拼热血头颅，战死沙场，以搏一快。他日儿若成仁取义，以此照为死别之纪念。万一凯旋生还，异日与阿母重逢，再睹此像，再谈此语，其快乐更当何如耶！”

火车风驰电掣般地把教导营送到纸坊车站，这里离武昌只有 30 多公里。叶挺另拨独立师一个营归韩浚、袁国平指挥，向夏斗寅部侧翼进攻。袁国平和韩浚未等独立师这个营到达，即命令教导营从右翼侧击夏斗寅部。独立师这个营到达后，两个营迂回到夏斗寅部右后方，夏部拼命抵抗一阵后，

因不知虚实，惊慌向后败退。

教导营乘胜追击，一直追到40多公里外的贺胜桥，夏部凭借险要地势负隅顽抗。韩浚率部分战士，冒着炮火迅速抢占了一个小高地，袁国平带着部分兵力，一边高呼“活捉夏斗寅”的口号，一边向夏部发起进攻。当第24师第72团赶到时，乘势猛扑，突破夏部阵地，夏部见势不妙，纷纷逃窜。击溃了夏部，袁国平和韩浚带着教导营在贺胜桥驻守了两天后，进驻蒲圻。

5月22日前后，韩浚和袁国平奉叶挺之命，率教导营准备占领丰口并担负守备任务。当教导营日夜兼程赶到嘉鱼渡时，发现杨森部已占领丰口。韩浚和袁国平利用夜幕作掩护，突然在丰口登陆并发起攻击，毙杨森部10余人，缴获部分武器，杨森部惊慌失措，弃枪而逃，教导营无一伤亡。韩浚和袁国平带领部队追击了一阵子，转回丰口，设防坚守。

不久，教导营被撤销，韩浚调任上校参谋，袁国平又回到第11军政治部。

经历南昌和广州两次起义

蒋介石制造四一二反革命政变，形势日趋严峻。袁国平的哥哥袁醉如在自传中回忆说：“六月中旬到达武昌左旗找到裕弟。他询问家乡革命者遇害情况，我如实以告。他闻后异常愤怒，痛斥蒋介石罪恶滔天，并说‘共产党是杀不尽的，我们只有继续革命，才能保证自己生存，革命一定会胜利的’。他安置我到 11 军政治学兵连暂住，约一星期，即奉命开赴九江”。

原来，汪精卫在加紧反共活动的同时，为了与蒋介石争夺领导权，作出所谓“东征讨蒋”部署，决定以唐生智为总司令，向南京进兵。但当先头部队贺龙的第 20 军、叶挺的第 11 军第 24 师到达九江后，却命令贺、叶两部原地待命。汪精卫与蒋介石勾结，于 1927 年 7 月 15 日公开背叛革命，一大批共产党人和革命志士惨遭杀害，轰轰烈烈的大革命宣告失败。

为挽救革命，中共中央决定发动武装起义，袁国平按照党组织的指示，由九江赶赴南昌。8月1日凌晨，在中共中央前敌委员会书记周恩来领导下，起义军打响了武装反抗国民党反动派的第一枪，部队迅速进行整编，贺龙任总指挥，叶挺任前敌总指挥，郭沫若任总政治部主任。袁国平担任第11军第25师第74团1营3连连长兼党代表。

南昌起义后，新老军阀集中兵力从四面八方聚集反革命势力，向南昌城扑来。为了保存革命力量，前敌委员会决定起义军撤出南昌，回广东重整旗鼓，然后再举行北伐。起义军于8月3日开始从南昌出发，一举攻占了江西南面的重要城市瑞金。随后，国民党军集中17个团的兵力，企图在会昌一带阻击起义军。前敌委员会决定先消灭会昌的国民党军，然后再向广东进军。袁国平所在的第74团接到命令后，迅速从大柏山右翼向会昌守敌发起猛烈进攻。

在进攻会昌的作战中，袁国平不顾危险，带领3连的战士，冒着国民党军的炮火冲在最前面。

为了减少伤亡，他指挥战士巧妙地利用山中的森林和岩石，时而前进，时而隐蔽，一步一步艰难地向山顶推进。战斗从8月24日早上开始，战至中午，第74团首先攻占了山顶。国民党军见势不妙，纷纷逃窜。这时，冲锋号响起，起义军呐喊冲锋，遥相呼应，国民党军全线崩溃，开始渡河逃跑，袁国平带着全连如猛虎下山，把国民党军往河里压。袁国平不停地大声喊道：“追呀！大家快追呀！别让敌人逃跑了！”部队一直追到筠门岭才止步。

会昌之战后，起义军经福建入粤。袁国平带领的3连随部在三河坝抗击国民党军，由于部队疲惫应战，后勤补给困难，面对强敌围攻，最终相继失利。10月上旬，袁国平奉命抵达香港。1个多月后，他受广东省委常委、省委秘书长、宣传部长恽代英的指派，以广东省委联络员的身份，到广州秘密接待来自各地的革命青年，负责武装起义的联络和组织工作。

袁国平深感责任重大，对每位来广州的革命青年都热情接待，细心安排，并极力宣传这次行动的意义，交代好下一步任务。一位来自重庆中法大学的学生、共产党员陈同生，到广州后，被袁国平卓越的见解和生动的言辞所感动，后被安排到第二方面军总指挥部张发奎的警卫团担任连党代表，在广州起义中发挥了重要作用。

袁国平听说曾任贺龙警卫连连长的黄霖来到广州，就想方设法找到黄霖，了解南昌起义后部队的情况，特别关心起义领导人的去向，还鼓励黄霖说革命不怕失败，革命也不会停止，要与国民党血战到底。

12月11日凌晨3时30分，教导团集合誓师，处决了反动的代理团长朱勉芳，关押了第2营营长方际平、第3营营长樊少卿等反动军官和60余名“孙文主义学会”成员。教导团的枪声划破了沉寂的夜空，正式宣告广州工农兵发动起义。袁国平随教导团第一营，参加攻打公安局的战斗。袁国平指挥战士和工人赤卫队，从侧面翻墙而入，打掉了公安局大楼的火力点。当日上午，广州苏维埃政府在公安局成立。不幸的是，第二天中午张太雷中弹牺牲，起义军总指挥叶挺决定撤出广州。袁国平带着朝鲜籍班长李彬等人，到总指挥部向叶挺请示下一步行动。

袁国平来到叶挺办公室，恽代英随后也匆忙跨了进来。恽代英对袁国平说：“广州可能守不住。为了保存革命力量，尽量减少损失，你们赶快转移到东江去，与彭湃领导的海陆丰苏维埃联合。”袁国平正准备离开，只见叶挺拿着电话机，抬起头高声对袁国平说：“向花县撤退！”

此时，总指挥部周围噼里啪啦枪声不断，袁国平离开总指挥部，正准备向部队传达撤退命令，突然有一股国民党军冲到总指挥部附近，袁国平拿着一支德式小左轮手枪射击，正打得起劲，抬头望见给李彬搬运子弹的老战友王昌明。袁国平见王昌明只顾看李彬装枪瞄准，竟忘记面前就是凶恶的国民党军，马上向王昌明喊道：“敌人冲上来了，老王，赶快卧下吧，不要暴露目标呀！”

王昌明回头一看，袁国平正卧在右后方的低凹处。可王昌明仍不太在乎，对袁国平说：“像你这样一支小枪，也能打敌人吗？”“别说废话，当心子弹！”袁国平话音刚落，只听到“哧”的一声，子弹从王昌明的耳边擦飞而过，王昌明这才本能地卧倒。

袁国平与王昌明趁战斗间隙，一同回到总指挥部。寒暄几句后，袁国平便向王昌明警告道："你以后上火线须得小心谨慎，切勿粗心胆大。今天这一下，你几乎断送了性命，这可以说是一个明显而具体的教训，须要牢牢记住！"事隔 20 多年，王昌明仍记得当时的情景："他说这话时，眉宇间充满了阶级友爱，深深印入我的脑海，使我永远不会忘记"。

02 转战苏区

战斗在东江

1927年12月13日拂晓，袁国平只身一人摸到黄花岗，但起义部队早已无影无踪。恰好黄花岗遗下一些马匹、军服和零散武器，袁国平披上大衣，拣了一把俄式刺刀，跃身上马，翻山越岭，于当晚赶到教导团。由于起义失败，干部战士情绪十分低落，袁国平看到这种情况，说道："胜败乃兵家常事，只要我们人还在，精神不倒，革命就会成功。"在部队濒于溃散的紧急关头，袁国平挺身而出，与唐维、叶镛商量解决办法，一起带领部队迅速转移，保留了革命火种。

他们来到花县，在县立第一高级小学的一间

教室里，召开连以上干部会议，决定成立工农革命军第4师，叶镛为师长，宋湘涛为副师长，王侃予为党代表，袁国平为参谋长。部队休整两天后，决定向海陆丰开进。当第4师来到紫金县境内时，袁国平听说紫金县县长邱国忠多次纠集民团“进剿”炮子圩等地，均被农军打败，邱国忠曾向国民党广东省当局求援。袁国平向叶镛建议说：“我们何不来个将计就计，冒充国民党的部队，智取紫金县城？”大家觉得此办法很好，于是装扮成国民党援军，大摇大摆地向紫金城开进。

邱国忠得知“援军”正向他们开来，兴高采烈地率众官员到西门外迎接，走在队伍前面的黄排长与邱国忠相识，更让邱国忠喜出望外。当先头部队跨过杨公桥后，队伍中突然打出了一面红旗，邱国忠一下子愣住了，惊慌地问道：“这是怎么回事？”黄排长连忙安慰说：“这是作掩护的，你不要管。”当来到县衙门时，黄排长一声令下，众人齐动手，迅速将邱国忠等大小官员一起捆绑起来，解除了县警队的武装，控制了县城。

1928年元旦，第4师得到情报，说国民党军李汉魂师可能要来紫金县城，为避免与李汉魂师发生直接冲突，部队决定暂时离开。恰在此时，紫金县龙窝区署不知道县城情况有变，仍给县长邱国忠发急电，说工农革命军要围攻龙窝区署，请县长派兵解救。袁国平与叶镛商量，决定再来一次将计就计，智取龙窝。

第二天，他们让邱国忠穿上灰色长衫，戴上毡帽，乘着马，走在队伍前面向龙窝进发。当部队走到离龙窝区不远处时，黄育群带人早已在那里列队迎接。邱国忠见状，大声叫喊："大家快跑，不要上当啊！"黄育群等人发现情况不妙，逃之夭夭，第 4 师与工农革命军第 2 师第 5 团、紫金县赤卫队胜利会师。此时，李汉魂师已开到靠近龙窝的高坑尾附近，袁国平派部队前去迎击，经过激战，歼其 40 余人，缴枪 30 余支。为避其锋芒，第 4 师把部队撤退到中共紫金县委所在地炮子圩，作短暂停留后，赶往海丰县城。

海丰县是中国第一个苏维埃政权诞生地，第 4 师到达后，中共东江特委、海丰县委在海丰红场召开上万人参加的群众大会，中共东江特委书记彭湃和袁国平分别发表了热情洋溢的讲话，场面空前热烈，军民欢欣鼓舞。两天后，第 4 师召开党员代表大会，选举产生新的师党委，袁国平为书记，原师党代表王侃予调任东江特委军委书记，党代表由袁国平代理，徐向前为参谋长。

袁国平注意发挥师党代表办公厅的作用，逐步完善团、连党代表制，在连队建立党的支部。袁国平既懂韬略，又长政治，写作尤称能手，先后主编《红旗》《红军》《布尔什维克》等刊物，深受干部战士喜爱。夜深人静之时，袁国平常小唱低吟，肆力编撰，手不停挥，偶尔与战友们论及恋爱问题、文艺欣赏，紧张中有活泼，严肃中有温和，几忘久羁军旅、血战多时的艰难与困苦。

第 2 师、第 4 师会师后，彭湃召集两个师的领导人开会，决定第 4 师第 11 团、第 12 团由彭湃和叶镛、袁国平、徐向前率领，向陆丰和惠来、普宁发展，第 4 师第 10 团留驻海丰。第 4 师兵分两路，一路开进陆丰城，一路攻破上埔，接着又占领博美、甲子、百岭等据点，平息了以士绅地主为核心、保安队民团为骨干的“白旗队”叛乱，又乘势向惠来、普宁方向发展，连续攻占果陇、和尚寮、葵潭，但部队付出了沉重代价，短短一个多月牺牲500余人，处境越来越困难。

国民党军李济深、陈铭枢在粤桂两派军阀混战中获胜后，开始“围剿”海陆丰革命根据地，第4师一部和赤卫队、独立营虽奋力作战，但因敌强我弱，最终被迫先后退出海丰和陆丰。为扭转不利态势，彭湃亲自指挥第4师、地方武装和农军攻打惠来。惠来城城墙坚固，城内由国民党军两个团固守，第4师屡攻不下。这时，袁国平组织官兵向城内喊话，并用风筝把传单送到城内。受到红军强有力的政治宣传，城内守军开始瓦解，第4师在第2师第4团的配合下，趁机发起进攻，一举攻下惠来城。

占领惠来城后不久，东江特委决定再打回海陆丰。当部队进入盐岭时，遭到国民党军的团团包围。经过一番苦战，几十名干部战士付出了生命，部队才冲出重围。第4师主力由叶镛、徐向前率领，向五华方向转移。另一部约300人，其中伤病员100多人，由袁国平率领，分散在惠来的林樟和普宁的三坑一带，袁国平把队伍分别隐藏在打铁寮的山洞中养伤。

不久，彭湃召开潮阳、普宁、惠来3县联席会议，决定成立工农革命军第5师，任命袁国平为师长。彭湃和袁国平商量，为扩大红军的影响，决定在惠来举行一次全县大暴动，时间定为5月20日。然而，到了5月19日下午1点集中时，除袁国平率第5师第15团200余人按时到达外，惠来各地农民赤卫队竟然没有人到场。彭湃只好改变暴动日期，袁国平率第15团开往普宁的三坑。

国民党军接连不断的“围剿”，使形势变得越来越严峻。工农革命军组织大部队行动，往往遭到国民党军更加残酷的围攻。为保存革命力量，根据广东省委指示，袁国平只得将第5师化整为零，分散到农村，第5师至此实际上已经解散。

在最困难的这段时间，袁国平一直与彭湃一起活动，领导东江地区游击战争。10月，彭湃、袁国平奉命从汕头的一个山洞启程，经香港转赴上海，向中共中央汇报工作。他们住过的这个山洞，如今人们称为“英雄洞”。

担任湘鄂赣特委宣传部长

1928年11月，袁国平与彭湃一起到达上海，彭湃化名王子安，袁国平则将一直使用的名字袁裕改为袁国平，以来沪经商的名义活动。

彭湃担任中央农委书记后，与袁国平商量，决定安排他回老家开展地下工作，并交代袁国平先与化名李文成的地下党员接上头，袁国平非常乐意这个安排。为安全起见，袁国平的大哥袁醉如亲自到上海接他。

回到家乡后，袁醉如先是安排袁国平住到远房同宗亲戚袁敬斋家的老宅院。没过几天，恰逢袁国平的远房弟弟袁筹结婚，亲友们遂请袁国平写一对喜联。袁国平说：“好啊！时代不同了，我们既要提倡新，又要呼唤爱。”于是，展纸挥笔写道：

“新青年、新夫妇、日新月新，共辟新的时代；爱社会、爱国家、你爱我爱，广播爱之福音。”众人看罢，无不叫好。

袁醉如和袁国平兄弟俩四处打听，也没找到接头的李文成，后来听说李文成因地下党组织遭破坏，已外出逃难。袁国平对大哥说：“文成不在，久住无益，我还是返沪吧。”临行前，袁国平赋诗为念：“有机乘机起，无机暂时伏。君问何处去，申江且涉足”。

回上海不久，中共中央又派袁国平以中共湖南省委巡视员的身份，到湘鄂赣边境地区巡视工作。袁国平秘密来到浏阳，在这里见到了中共湖南省农委书记兼中共湘东特委常委潘心源、中共湘鄂赣边特委常委兼浏阳县委书记王首道和中共湘鄂赣边特委常委李宗白，感到当务之急是将湘鄂赣边特委与湘东特委合并，组成新的湘鄂赣特委。

1929 年 4 月 12 日，湖南省委巡视员石青主持召开湘鄂赣边特委扩大会议，袁国平强调下一步的工作重点，是从千方百计组织武装暴动到从事长期艰苦的群众工作，把“左”倾作为主要危险来反对。会议一致通过省委决定，由王首道、李宗白、袁国平、张启龙、黄公略、邓湘君 6 人为特委常委，王首道担任特委书记，袁国平担任宣传部长。会后，袁国平来到黄金洞大湾村，着手对平江工农革命军游击司令部进行整训，军事上总结游击战争经验，政治上重点抓好中国革命基本理论的学习。

六七月间，国民党军联合豪绅地主武装，再次向湘鄂赣苏区发动猖狂进攻。他们见人就杀，连呱呱而泣的小孩子和六七十岁的老人都不放过，仅平江一县，被杀的革命民众就达 1 万多人，山林中到处都是未埋的尸骨。直到 8 月，彭德怀、滕代远率红 4 军第 5 纵队回师湘鄂赣，国民党军和豪绅地主武装才纷纷撤离。

9 月 2 日，湘鄂赣边特委在平江芦头召开扩大会议，推选王首道、石夫、袁国平、刘建中、李宗白为常务委员，王首道仍任书记，袁国平仍任宣传部长，彭德怀为军委书记。会后，红 4 军第 5 纵队与湘鄂赣边支队合编，恢复红 5 军建制。红 5 军由湖南平江起义的部队改编而成，军长彭德怀，党代表滕代远。

袁国平作为宣传部长，很注重发挥宣传品的作用。1929 年 9 月 20 日出版发行《工农兵》杂志，后又根据形势的发展更名为《斗争》。为促进党内政治理论研究，解决实际问题，袁国平还组织宣传部编辑出版党内刊物《布尔什维克之路》。袁国平经常亲自为杂志撰稿，仅《工农兵》第一期，就写了《国民党与秦始皇》《国民党统治下的中国》等文章。

湘鄂赣边各县根据袁国平的指示，开办县刊，万载县委办的《新闻壁报》、浏阳县委办的《新浏阳》、平江县委办的《苏维埃》，都是办得比较好的刊物。铜鼓县委办的《赤潮》、修水县委办的《修江潮》、通山县委办的《赤光壁报》，也都各有特色。湘鄂赣特委兼平江县委后，特委宣传部接办《苏维埃》，并在平江试办《农村小报》，刊登群众喜闻乐见的宣言、传单和歌谣。

中共湖南省委常委蒋长卿在给湖南省委的巡视报告中写道："最近，边境的宣传工作除平江没注意以外，其余如浏阳、万载等县，宣传工作特别加紧，铜鼓次之，万载的小市镇及路边的墙壁都贴满了标语、宣言”。

袁国平到湘鄂赣特委工作不久，就与在地方工作的姑娘邱一涵相识。邱一涵大方开朗、办事老练，很有思想，引起了袁国平的注意。邱一涵也觉得袁国平不仅文质彬彬、一表人才，而且才华横溢，遂产生爱慕之情。

历史老人的脚步匆匆，已经将无数往事留在身后。当今的我们纵然回望良久，也难以完全复原当时的真实情景。后来有人“演义”地再现了两人见面的情景。

袁国平见她身着蓝色粗布衣裳，脚蹬一双拧麻草鞋，腰挎一支驳壳枪，飒爽英姿，寓柔于刚，顿时眼前一亮。邱一涵乍一见袁国平，不免怦怦心动，带着几分山里妹子的腼腆，红着脸给他递上一杯热气腾腾的烟茶。袁国平微笑着边喝茶边问她身上挎的驳壳枪是从哪里来的，她说“打仗夺来的！”“谁夺的？”“不告诉你！”袁国平哈哈大笑，故意说道：“我早就知道，是你从清乡军那里缴获的！”

“既然知道，为什么还要问我？”邱一涵反

问道。

“考考你呗，”袁国平幽默地说，“看你翘不翘尾巴！”

经过一段时间的接触和了解，邱一涵打心底里爱慕袁国平的才华睿智，袁国平喜欢邱一涵山里妹子的纯真与执着。共同的理想和信念，把两颗年轻的心紧紧拴在一起。1929 年，在丁家源的邱家老宅，袁国平与邱一涵结为伉俪，袁国平 23 岁，邱一涵 22 岁。几天后，袁国平与邱一涵就离开家，投入到紧张的工作中。

代理湘鄂赣特委书记

1929 年 11 月，中共中央任命袁国平为红 5 军政治部主任。湘鄂赣特委研究认为，此时红 5 军军部已率第 1 纵队、第 3 纵队离开湘鄂赣苏区，一时没有合适的人选接替袁国平，确定让袁国平暂时留特委工作。

这时，整个边境地区呈现出勃勃生机，湘鄂赣特委在万载县陈坑召开第二届第二次执委会议，决定乘湘鄂两省军阀卷入蒋介石与冯玉祥混战的有利时机，夺取新的胜利。会后，王首道去湖南省委和中共中央汇报工作，袁国平代理湘鄂赣特委书记。

袁国平派刘建中到万载、李宗白到铜鼓、石夫到修水巡视，袁国平则在特委机关迁往平江的途中先巡视浏阳。不久，袁国平率特委机关迁至平江县长寿街。1930 年元旦过后，石夫、李宗白陆续回到平江，袁国平紧接着又到平江巡视。这一轮巡视，对修水、铜鼓党务实行了彻底改造，对万载、浏阳、平江的工作有了很大的推动。

袁国平在巡视平江时发现，平江县委的下级党组织和人民群众对县委领导班子强烈不满，决定由特委暂时兼平江县委，并亲自整顿，加紧培养新干部。袁国平以湘鄂赣特委名义给湖南省委并转中央的工作报告中提出："将其组织重新彻底改造，并用了极大的努力，纠正了平江党内一切的错误"。

平江各级党组织经过整顿，面貌焕然一新，

袁国平决定实施土地革命，将以前的没收一切土地改为只没收地主的土地和公田；分配土地时既考虑距离的远近，又照顾土地的肥瘠；没有分配的土地由乡苏维埃政府统一管理。浏阳县紧接着也在占全县3/4的苏区普遍开展了土地革命运动。袁国平的这些做法，为后来制定土地法和劳动法提供了宝贵的经验。平江县委不久得以恢复，先成立临时县委，任命涂正坤为书记。

袁国平代理湘鄂赣特委书记期间，正是党内“左”的急性病再次发展的时期。1930年元旦过后，袁国平收到了湖南省委的来信，信中指责特委“对于策略问题有严重的错误”，甚至向中共中央建议：“取消湘鄂赣特委的组织，边境各县由省委直接指挥。”袁国平召开常委会研究，决定以湘鄂赣特委的名义向湖南省委写份报告，对省委的意见和指责作开诚布公的解释和说明。

经慎重考虑，袁国平完成给湖南省委的报告。针对省委指责特委“九·二”扩大会议决议案是“退守”的性质，该报告回答：“我们认为这种退守是暂时的，而且是应该的，因为那时的退守实是一种积极进攻”，“那时的经验告诉我们，凡是建立苏维埃越早的地方，失败也就越早，受创越大”。

湖南省委批评特委对苏维埃政权“由公开而转变到半公开式的秘密，这不是领导群众前进的，而是向后退的”，袁国平却认为“布尔什维克的斗争策略是与军事方面的战术原则完全一样的，要能攻能守，知进知退”。

针对湖南省委批评特委“唾骂共耕制度”，袁国平对共耕制当时究竟能不能实行作了理论和实践的论证，认为“在目前实行共耕制究竟是否错误呢？我们仍坚决地肯定说是错误的”，“即使置理论于不顾，根据事实证明共耕制在平江实验失败了，在醴陵实验失败了，在浏阳实验也失败了”。

1930 年年关将近，湘鄂赣边境地区普遍出现饥荒现象，袁国平决定开展年关斗争。农民们早就憋了一肚子气，纷纷响应，向地主要饭吃、要土地、要自由，抗捐抗税，搬取地主藏粮。赤卫队也四处活动，严厉惩处逼租逼债最凶恶的大地主，打击了豪绅地主的嚣张气焰。

3 月 18 日是法国巴黎公社纪念日，在袁国平的组织下，浏阳的许多山上在纪念日前一天晚上就烧起“望火”，第二天全县参加示威游行的群众达数万人。平江成千上万的群众在纪念日当晚点燃“望火”，拿着梭镖，举起红旗，高呼“纪念巴黎公社”，镇压了100多名豪绅地主分子。红5军第5纵队突然猛烈地袭击了夏斗寅部2个团驻守的咸宁城，第2纵队攻入万载县黄茅镇，全歼守军1个靖卫团，靖卫团团长周德祥自杀身亡。铜鼓、宜春、宜丰等县也举行了武装暴动。

不久，王首道回到湘鄂赣特委，彭德怀也率红5军主力开抵长寿街，决定乘势发起红五月暴动。6月，湘鄂赣边境党的第一次代表大会在平江东乡四区匆匆召开，湖南省委书记宁迪卿等人，提出所谓纠正“九·二”会议以来形成的不正确的工作路线。特委书记王首道和代理特委书记袁国平，自然要对所谓“右倾机会主义路线”负主要责任，被迫离开特委。

然而，真金不怕火炼。宁迪卿口口声声指责王首道、袁国平犯了“右倾机会主义路线”错误，自己却成了可耻的叛徒。1931年2月，宁迪卿在武汉被捕，国民党湖南省政府主席兼第四路军总指挥何键先亲自出面请其吃饭，许以高官厚禄，接着又把他交军法处严刑拷打。这个软骨头经不起考验，投敌后又骗取了蒋长卿等人的信任，结果省委机关遭破坏，蒋长卿等人被捕后壮烈牺牲。

两战长沙

1930 年 6 月中旬，红 5 军和红 8 军组成红三军团。彭德怀任总指挥，滕代远任政治委员，邓萍任参谋长，袁国平任政治部主任。7 月中旬，红三军团前敌委员会和湘鄂赣特委在平江召开联席会议，讨论进攻长沙的部署。袁国平会后直接从地方抽调一批政治工作干部。刘志坚回忆说：“接待我们的就是三军团政治部主任袁国平。虽然他当时只有 20 多岁，但我们都感觉他很老练，都很敬佩他”。

何键获知红军准备攻打长沙，先下手为强，调集7个团向平江进逼。7月24日，红三军团主动迎击，经连日激战，于7月28日拂晓控制全城，彭德怀率红5军主力向长沙南面的易家湾追击，滕代远、袁国平率红8军留守长沙，军团政治部进驻吉祥巷的大吉祥旅馆。

袁国平率红8军留守长沙期间，派邱一涵接管《国民日报》，创办了红军历史上第一份铅印大报《红军日报》，并亲自担任主编。该报共出版6期，每期第1版固定刊登《共产党十大政纲》《土地政纲》以及红三军团布告、通告等，第2版刊登署名社论，均由袁国平和另一主编左基忠撰写。袁国平要求稿件“用白话，尽期明了畅达、富有鼓动性为合格”，“他不是资产阶级的肥嫩与雪白的手所能摹抚的，只有短裤赤脚黑脸粗皮的无产阶级，才能接近他，拥抱他”。

7月30日，湖南省苏维埃政府成立，袁国平撰写社论《怎样巩固湖南苏维埃政权》，提出“应坚决的以专政的手段，镇压我们的敌人”，“很快的解决土地问题，实行八小时工作制”。当天下午

4 时，10 万军民在湖南省教育会坪召开大会，袁国平发表演讲时强调，苏维埃政府是为无产阶级谋利益的政府，是真正民主的政府。《红军日报》报道这次大会“演者痛快淋漓，听者心领神会，鼓掌之声，远近尤闻”。

蒋介石与帝国主义分子见红军攻占长沙，沆瀣一气，派军舰向长沙城开炮，派飞机狂轰滥炸，原定 8 月 1 日举行的“八一示威运动大会”，不得不改在 8 月 2 日举行。袁国平在会上慷慨激昂，揭露帝国主义和国民党狼狈为奸，共同扼杀新生的苏维埃政权，号召工农兵群众“一致向反革命的白色战线帝国主义、国民党、军阀、豪绅地主、资产阶级进攻，伸展红色区域，扩大红军组织”。

长沙的散兵游勇见有机可乘，浑水摸鱼，抢劫民宅，袁国平以第三军团总政治部的名义发出布告：“以后凡遇有此种劫掠事件，及一切反动事件，仰当地居民，协同军队拿解本部，定予严惩不贷，切切此布。”袁国平还以红三军团政治部主任的名义发布通缉令，悬赏捉拿何键、刘建绪等国民党湖南省军政要员。

为加大对反革命分子的震慑力度，袁国平利用《红军日报》，对处决叛徒苏先骏进行了报道，“共产党叛徒苏先骏，马日前曾投机混入省农协工作”，“马日后，遂行自首，以纯粹无耻之丑态，求怜于白匪伪主席程潜”，“秘密主害工人运动领袖郭亮同志”，“当八一示威纪念大会之数万群众前，由湖南省工农苏维埃政府宣布罪状，执行斩决，到会群众，莫不称快”。

入城的当天，袁国平分别以红三军团前委和自己的名义发出通告，招考工作人员，还从被关押的数千名“政治犯”中，挑选一批优秀干部充实部队，收编零散的绿林武装和俘虏，短短9天，红三军团人数一下子扩大了7000余人，几乎是进占长沙前人数的一倍。

红三军团初到长沙，个别部队把资本家抓起来，令其交款，吓得资本家纷纷逃跑。袁国平立即命令部队停止这种“硬压硬逼”的做法，派人将长沙商会会长左益斋“请”到军团政治部，限他两天之内将长沙各商号向何键交纳饷银的清册造具出来。左益斋觉得在真菩萨面前烧不得假香，只得硬着头皮承诺下来，如数完成40万银元的军饷任务。袁国平还成立了没收反动官商资产委员会，清查何键等反动官商和与之占股经营商号的资产。

红军撤离长沙前，毛泽东的夫人杨开慧到红三军团政治部找到袁国平。袁国平和邱一涵十分关心杨开慧的安危，袁国平对杨开慧说："你和毛委员的夫妻关系尽人皆知，敌人肯定不会放过你的，你在长沙很危险，应尽快转移到安全的地方。"杨开慧谢绝了袁国平的好意："组织上没有让我离开长沙，我的岗位就在这里，况且润之也没有带信让我去。"时间紧迫，战事紧张，袁国平想通过地方党安排杨开慧安全转移的心愿未能实现，杨开慧不幸于10月被国民党当局逮捕，11月在长沙英勇就义。袁国平夫妇闻讯后痛心疾首，深感惋惜。

8月5日晚，何键在10余艘帝国主义军舰掩护下，很快逼近长沙，袁国平留在城内，指挥最后一批支前群众从浏阳门撤离。红三军团到长寿街后，红 8 军政治委员和军委书记邓乾元突然提出红 8 军与红 5 军分家，红三军团前委鉴于邓乾元脱离前委指挥是非组织的行动，遂撤销其职务，由袁国平兼任红 8 军政治委员和军委书记。

8 月 12 日前后的一天晚上，红三军团忽然接到中共万载县委的一封信，说朱德、毛泽东已率红一军团转移到江西万载地区。彭德怀、滕代远当即派袁国平“前往联络、报告情况和请示”。袁国平立即带一个排向万载方向开去，经与朱德、毛泽东商定，红三军团向浏阳永和市进攻，红一军团向浏阳文家市进攻。

两军团会师后召开联席会议，决定成立红一方面军，朱德任总司令，毛泽东任总政治委员和总前委书记。毛泽东接着主持召开总前委会议，袁国平赞同再攻长沙，会议根据多数人的意见，决定再战长沙。第二次攻打长沙虽然未克，但毛泽东总体上持肯定态度：“把敌军 30 团以上的威风完全打落，使之不敢正眼看我红军，同时给全国以颇大影响，则是这一次战争的胜利”。

在第一、第二、第三次反“围剿”中

红一方面军撤围长沙之后，是继续向中心城市进攻，还是把工作重点放在广大乡村，是红一方面军面临的现实而紧迫的问题。袁国平在参与这一重大战略抉择的过程中，经历了一场剧烈的思想斗争，从 1930 年 9 月 13 日总前委召开的株洲会议，到袁州会议、峡江会议、太平圩会议，直到 10 月 25—30 日在新余罗坊举行的总前委和江西省行委联席会议，袁国平等红一方面军领导干部的思想，才逐步统一到毛泽东和总前委的主张上来。

株洲会议后，红三军团进驻安源、萍乡，袁国平从地方挑选了胡耀邦、杨勇等优秀共产党员到红三军团任职。10 月 25 日，袁国平与何长工从红 8 军军部赶到总前委参加罗坊会议，10 月 30 日确定了“诱敌深入”的战略方针，这才实际上摆脱了李立三“左”倾冒险主义的影响。11 月 5 日拂晓，红三军团在新淦对河附近开始渡江，12 月 1 日到达宁都小布，顺利完成东渡赣江这一战略转移任务。

恰在这时，发生了震惊一时的富田事变。红一方面军总政治部秘书长兼肃反委员会主任李韶九搞肃反扩大化，红 20 军第 174 团政治委员刘敌等人缴了李韶九和警卫连的枪支，把红 20 军拉到赣江以西地区。

事变发生后，袁国平等均表示坚决服从总前委和毛泽东的领导。

12月25日清晨，苏区军民召开“预祝反‘围剿’胜利誓师大会”，毛泽东、朱德在大会上讲了话，担任大会司仪的袁国平宣布最后一项议程：文明戏演出开始！此次演出了活报剧《活捉敌师长》，反映了苏区军民诱敌深入，伏击获胜，敌师长就擒。

第一次反“围剿”打得干净利落，红军首战龙冈，全歼“围剿军”主力第 18 师，活捉师长张辉瓒，此时距《活捉敌师长》的演出只过了 5 天。

战士们高兴地说：咱们的文明戏真是演神了！以后这个节目便更名为《活捉张辉瓒》。红军再战东韶，消灭“围剿军”另一主力第 50 师 1 个旅，“围剿军”已成惊弓之鸟，不敢恋战。

1931 年 2 月，滕代远向彭德怀、袁国平、邓萍等老战友道别，以苏区中央局巡视员的身份，前往湘东南以及平江、浏阳一带巡视，待滕代远返回中央苏区时，已是 7 月上旬。

第一次反“围剿”胜利后，袁国平组织部队在江口、三都、洛口、头陂一带发动群众，帮助建立地方武装。袁国平在江口给毛泽东写过一封信，汇报红三军团在三都、古龙岗等地做群众工作与建立地方武装的情况。1931 年 3 月 6 日，毛泽东给袁国平回了一封指示信，说“此次工作的一切策略和工作方法都随时要注意，不要使他离开‘争取群众创造苏维埃区域’的总任务，不好降低我们的政治口号”。毛泽东提醒袁国平，应注意组建小游击队，否则“红军一退出，地主武装回来，一切组织坍台，一切利益落空”。

在此前后，蒋介石派军政部长何应钦指挥 20

万大军，向中央苏区中心区域推进。4 月下旬，彭德怀和袁国平率红三军团集结于东固山区，这里地势险要，是歼敌的好战场，但 3 万多名红军突然在此安营扎寨，吃饭就成大问题。彭德怀、袁国平带领部队帮助群众搞生产，组织部队上山找野竹笋，到水田里摸螺蛳、捉泥鳅。可时间一长，有些战士就发牢骚说，与其等着挨饿，不如找敌人拼个你死我活。袁国平派人分头到部队，向官兵们解释一定要让敌人来找我们、而我们不能去找敌人的道理，并把一日三餐改为一日两餐。

机会终于来了。蒋介石为庆祝“国民会议”的召开，5 月初电令何应钦“火速进剿”。从 5 月 16 日开始，彭德怀、袁国平指挥红三军团，与红一军团并肩作战，半个月横扫 700 里，痛快淋漓地粉碎了蒋介石的第二次“围剿”。战后，袁国平以建宁、泰宁、将乐为工作区域，以顺昌、邵武、光泽为筹款区域，发动群众，建立政权，发展党组织，整训游击队，只用了 1 个多月，以建宁、泰宁、黎川为中心的革命根据地就初具规模。

1931 年 7 月 1 日，蒋介石自任“围剿军”

总司令，调兵30万，开始了第三次“围剿”。总前委仍采取“诱敌深入”的作战方针，把兴国选做红军退却的终点和反“围剿”的战场，以争取最佳的地利与人和。

可黎川距兴国上千里，盛夏酷暑，长途跋涉，谈何容易！但红三军团在袁国平精心组织下，战士们一路欢歌笑语，士气高昂，经过半个月的急行军，抵达兴国西北的高兴圩地区，与红7军、红20军会合。红7军是在邓小平、张云逸、韦拔群等领导下，于1929年12月11日举行百色起义后创建的。1931年7月22日，红7军在雩都县以北的桥头镇，与红三军团胜利会师，不久编入红三军团序列。袁国平陪同彭德怀专程看望红7军，并在黄昏前把红7军3个团全部集中在森林里，向官兵作战前动员和战斗部署，红7军当晚就偃旗息鼓，衔枚疾走，一口气赶了70多公里，到达莲塘时，前卫部队已与国民党军展开激战。

在与国民党军周旋的2个多月里，红军瞅准战机，一连打了几个胜仗，干净利落地粉碎了蒋介石的第三次“围剿”，赣南、闽西根据地连成一片。袁国平创作了一首诗，定名为《三期革命战争胜利歌》，这首诗共10段218句，除个别句子外，每句7字，读起来朗朗上口，印发后颇受红军和苏区人民欢迎。

11月7日，中华苏维埃第一次全国代表大会在瑞金隆重开幕，袁国平被选为提案审查委员会委员，与项英、朱德、曾山等负责审查代表的提案。会后，袁国平即以会昌、安远两县为中心开展工作。

袁国平在反“围剿”间隙发动群众、建立政权、整训游击队，给彭德怀留下了深刻的印象，彭德怀后来说：“我当了三年多红军，这时才学会分田。对毛泽东的三大任务——打仗、做群众工作、筹给养——才体会到：只有做群众工作，从发动群众到建立政权、分配土地，群众才把红军看成是自己的军队；军队中的阶级觉悟就迅速提高，就能自觉遵守群众纪律；筹款、筹给养时也不会把富农当地主打。对红军的三大任务是三位一体的任务有了体会。”此时，中央苏区发展到鼎盛时期。

第四次反“围剿”前后

第三次反“围剿”胜利后，王明“左”倾冒险主义开始抬头，指出争取一省或数省的胜利“已经不是遥远的前途”，命令红军“首取赣州”。1932 年 1 月下旬，红三军团经雩都向赣州开进，2 月 6 日抵达赣州城郊，2 月 23 日发起攻城战斗。

在攻城之前的这段时间，袁国平一面做部队的思想发动工作，一面做群众工作，指示各师、团组织政工干部深入战区群众，讲清红军为什么要打赣州的道理。但由于地形不利，又遇大雨，坑道难挖，攻城并不顺利。彭德怀、滕代远联名致电中革军委，明确提出“攻城希望很小”。但中革军委仍不愿放弃攻城，红三军团 3 月 4 日再次组织攻城未果，中革军委才下令撤围。

红一方面军主力随后进行了整编，红 5 军、红 7 军、红 14 军编为红三军团，彭德怀任总指挥，滕代远任政治委员，袁国平任副政治委员兼政治部主任，邓萍任参谋长。3月中旬，苏区中央局确定红军主力沿赣江两岸向北发展，红一军团、红五军团组成东路军，在赣江以东活动；红三军团组成西路军，其任务是“赤化河西，贯通湘赣及湘鄂赣苏区，与中央苏区打成一片”。

西渡赣江之前，袁国平传达苏区中央局的决定，不料红5军政治部主任黄克诚公开反对攻打中心城市，而红5军政治委员贺昌不同意黄克诚的观点，双方发生激烈争论，谁也说服不了谁。袁国平对这样的争论，采取冷处理的办法，尽管黄克诚公开反对苏区中央局的意见，但袁国平并没有给黄克诚处分，更没有撤黄克诚的职。

红三军团率红5军、红7军西渡赣江，一开始进攻得很顺利，奔袭湘赣边界交通要道文英，攻占湖南省汝城。西路军到营前之后，袁国平举办了一期由200余人参训的军事指挥员教导队，开办了一期由90余人参训的政治训练队，以补充赣州战役牺牲的干部。

西路军进入崇义、上犹地区之后，形势相当

严峻，袁国平给总政治部主任王稼祥并苏区中央局写报告，称这里的地主武装“烧杀掠劫极其残酷，群众又恨又怕”，个别苏维埃政府官僚腐化，部分党员在肃反扩大化影响下人人自危，整个党的组织处于非常散漫的状态。

袁国平于4月17日在营前主持召开中共西河特委会议，决定成立中共河西道委员会，指定贺昌、陈葆元、谢作玲为道委成员，贺昌担任书记，受中共湘赣省委领导，但暂由红三军团政治部指挥。袁国平撤掉了几个立场不稳、投机取巧的区县干部，将一批出身好、能力强的干部委以重任，还从军团抽出一批干部，与河西道委抽调的党员、团员组成9个新区工作团，在上犹、南康、崇义等地，以红三军团政治部、河西道委联合巡视团的名义，深入区、乡开展工作。

西路军在河西点燃的星星之火，大有燎原之势，蒋介石匆忙调集40个团“会剿”西路军。西路军兵分两路，一路由彭德怀率红7军和地方武装与国民党军周旋，另一路由滕代远和袁国平率领红5军和军团政治部，在关北、拿山、衙前地区开辟新战场。蒋介石担心红军再袭赣州，匆忙调回两个团，留下的国民党军被搞得焦头烂额，6月上旬被迫撤离苏区。

12月31日，总政治部副主任贺昌调任红三军团政治部主任。1933年1月1日，周恩来、王稼祥向苏区中央局提议，指出袁国平斗争历史很长，工作积极，我们意见袁国平可任总政治部副主任。如同意则转中央政府委任。至于找一工人同志任副主任，则我们认为工人同志应首先派去当政治委员，以保障部队的无产阶级领导。袁国平被任命为总政治部副主任。

第四次反“围剿”战役打响之前，为做好部队的宣传鼓动工作，王稼祥、袁国平于2月18日发布《总政治部关于〈红色中华〉通讯问题的指示》，指出部队因忙于战争未向该报投过稿，这是“极大的疏忽和错误”，要求报道“前方红军英勇的斗争、红军所到的白区中工农群众遭受国民党政府军阀及地主资本家压迫摧残的痛苦和他们斗争的情况以及白军士兵的痛苦与革命化的情形”。

袁国平组织力量编辑出版《政治工作》刊物，

2月第一期出版发行，3月12日第二期又出版发行，刊登的《总政治部关于地方工作部的任务与组织的训令》《俘虏工作大纲》《火线上怎样进行对白军士兵的宣传鼓动工作》等文章，对政治工作起到了很强的指导作用。

袁国平亲自为《红星》报撰稿，5月12日发表《扩大民族革命战争完全粉碎敌人的四次“围剿”》，揭露“国民党仍在所谓‘长期抵抗’、‘攘外必先安内’一类的无耻欺骗的武断宣传之下，继续其卖国的行为”，号召“为创造一百万铁的红军而斗争”。

袁国平任总政治部副主任期间，主持总政治部兼红一方面军政治部工作约2个月。4月27日上午，总政治部在乐安县谷岗村召开全军青年工作会议，庆祝第四次反“围剿”胜利，6架国民党军飞机突然对会场狂轰滥炸，王稼祥腹部被弹片击中，被送往瑞金后方医院治疗。

袁国平5月4日以红一方面军政治部代主任的名义，发布《关于纪念“五卅”运动的工作指示》，要求“在红色战士中与地方居民中立刻进行普遍的深入的反日、反帝、反国民党的宣传鼓动”。5月18日，袁国平以红一方面军政治部的名义下达了关于地方工作的紧急通知，强调要大力做好群众工作，帮助群众夏耕夏种，密切军民关系。

6月11日，朱德、周恩来、袁国平、叶剑英联名发布训令，肯定“最近在扩大红军的战线上获得了惊人的空前的胜利”。两天后，周恩来、袁国平发布关于争取新战士工作的指示，要求永丰、公略、乐安县委和各级党组织，保障红军的粮食供给，这就为扩大红军提供了必需的物资保证。

组成东方军入闽作战

蒋介石第四次“围剿”失败后，暂时转入防御状态，同时加紧准备第五次“围剿”。而王明“左”倾冒险主义者却提出“分离作战”，将中央红军和部分地方武装分成两部分，一部在抚河、赣江之间牵制国民党军，一部先入闽作战，再回师北上，两部分会攻抚河和南昌。

1933 年 7 月 1 日，中革军委代主席项英发布命令："为迅速建立和完成抚河以东的作战地区和东方军，着以三军团（暂缺第 6 师）、19 师为东方军开始组成部分，任彭德怀兼东方军司令员，滕代远兼政委。为配合作战，34 师及闽赣军区、宁清归分区各独立师、团、营统归彭、滕就近指挥，并以袁国平兼东方军政治部主任"。

就在这天，东方军主力第 4 师、第 5 师共 1 万余名官兵，在大湖坪举行誓师大会。第二天，第 4 师、第 5 师兵分两路，经新安、丹溪和驿前、石城，向福建境内挺进。路过石城时，袁国平和中共石城县委书记杨上魁在城关主持召开军民联欢会，袁国平代表东方军指战员向群众表示："如若红军不能勇敢冲锋，消灭东方战线上的敌人，那就是红军的耻辱"。

东方军从 7 月 7 日开始，冒雨向泉上疾进并发起攻击，战至 7 月 19 日拂晓，全歼国民党守军 1600 余人。此时，中革军委命令东方军由北向南进攻连城，彭德怀亲自到前线侦察，但未能找到合适的攻击点，遂改为由南向北进攻，先攻连城南25公里的战略要地朋口，以调动连城、龙岩的国民党军增援，歼其于运动之中。

东方军攻打朋口、连城之后，袁国平撰写了《夺取连城的经过》，并在《红星》报发表，对政治工作作了详尽的报道："我们召集东方军的全部指战员，开了一个热烈的誓师大会，全体武装到会，刺刀一齐上起来，会场中刀光剑影，炫耀夺目，歌声笑声兴致淋漓"，"朋口战争，是这次东方军最主要的战斗。这晚，军团政治部组织了专门的宣传队，到堡垒前面去向敌人作宣传，并向攻打堡垒的士兵作鼓动"，"在这会议上欢迎十九路军的新战士，并由火线剧社表演新编的《谁能救中国》一剧"。

从攻打泉上到姑田战斗，东方军顺利完成了第一阶段的作战任务。袁国平总结道："我们以28天的时间，完成了中革军委给我们1个月的任务"，"夺取了太宁、归化、清流、连城、新泉，开辟并恢复了500多方里的苏区"。在此前后，朱德、周恩来、彭德怀等红军高级将领因“有特殊功绩”，被授予一等红星奖章，滕代远、袁国平等被授予二等红星奖章。

8 月 9 日，中革军委命令东方军挥师北上，夺取将乐、顺昌、延平、沙县等地，红 4 师、红 5 师、红 19 师奉命向北开进。这一阶段作战打得比较顺利，连克沙县西北重镇夏茂、顺昌重镇洋口和延平重镇峡阳。在紧张的战争环境中，袁国平做了大量巩固新区和扩大红军的工作，撰写了《新区扩大红军的经验和教训》，称“东方军毕竟在一个半月的时期内，最紧张的战争环境中，在延顺、将沙一带新区，扩大了 1200 多红军，同时并创造了一个 900 人的独立团。这一伟大的收获，无疑的粉碎了一切机会主义者的胡言，响亮的给共产党与苏维埃扩大百万铁的红军号召以布尔什维克的回答”。

《红星》报以《把模范的奖旗赠给东方军》为题发表社论称：“东方军在争取新区赤化与扩大红军方面，写成了政治工作最光荣的一页，是中央苏区红军的光荣模范，我们应广泛运用东方军在顺、延、将、沙地方工作的宝贵经验，为巩固扩大与联合苏区而战！”

东方军入闽后，第十九路军连遭重创，蔡廷锴与蒋光鼐觉得应采取积极措施与共产党和红军联络，派代表陈公培前往延平方向寻找红军。陈公培一行在西芹附近的树林中遇到红军的便衣哨，取出蒋光鼐的信件，要求面见红军指挥员，便衣哨将陈公培一行带到红三军团总部所在地王台。

彭德怀立即将此事电告瑞金，周恩来考虑到袁国平与陈公培同为黄埔军校校友，迅即回复：陈公培确有其人，系中共脱党者，提供情况可信，拟派袁国平前往，与陈公培商谈。

彭德怀很快会见了陈公培，袁国平不久也赶到王台。彭德怀、滕代远和袁国平充分肯定第十九路军的抗日反蒋行动，同时尖锐批评到福建“剿共”的错误，指出这是蒋介石企图使第十九路军和红军两败俱伤，以取渔人之利的阴谋。陈公培表明了第十九路军的意向，必须反蒋抗日，不反蒋即不能抗日。

9 月 23 日下午 3 点，彭德怀、滕代远、袁国平将会谈情况向项英、朱德、周恩来作了报告：陈铭枢、蒋光鼐、蔡廷锴都同意与红军合作，表示“停止进攻苏区，释放共产党，取消经济封锁，红军退出洋口，以泰宁、将乐、建宁、清流、连城为国口，保守条约内容的秘密”。

王台谈判后，红军与第十九路军进入休战状态。这次谈判，为第十九路军与共产党的进一步接触，最后达成双方停战协议奠定了基础。第十九路军紧接着又派秘书长徐名鸿为全权代表，由陈公培陪同赴瑞金，与中国共产党初步达成协定。11月20日，爆发了著名的福建事变，第十九路军终于走上联共反蒋的道路。

在第五次反“围剿”中

1933年9月25—28日，国民党军乘红一方面军分离作战，中央苏区东北面守备薄弱之机，突然夺占中央苏区重镇黎川，第五次反“围剿”就此拉开战幕。博古、李德对黎川失守非常震惊，匆忙调兵遣将，命令东方军北上就敌，以求“御敌于国门之外”。

这次反“围剿”一开始就出师不利，从10月上旬开始，东方军在国民党军堡垒之间作战，无法机动歼敌，自身损失较大，红三军团第4师师长张锡龙阵亡，红五军团第15师师长吴高群负重伤，因失血过多在福建建宁逝世。彭德怀、滕代远建议向外线出击，但项英电告在前方的朱德、周恩来：“军委已决定了战役问题，望转告彭、滕，停止建议”。

福建事变爆发后，中革军委命令红三军团再次入闽作战。这次入闽作战最主要的战斗是攻占沙县城，袁国平著有《夺取沙县的战斗》，发表于《火线上的一年》。战前，袁国平要求各单位对喊话队进行短期训练，向国民党军发起火线心理攻势，每晚派破坏部科长及团以上政治干部亲自到前线巡视并指导。很快，有几处城上守兵主动告诉红军城上的兵力，还要求红军送宣传品进去，红军便乘机送进一批宣传品，给国民党守军以极大的动摇。

攻克沙县城之后，袁国平参加全国红军政治工作会议，在发言中一开始就提出战时政治工作的重要性，指出“现时工农红军正处在残酷的不间断的国内战争环境中，战时政治工作差不多占据了政治工作的全部。一切政治工作均应配合作战计划，适应战争情况，为保障每一战役的全部胜利而斗争”。

袁国平强调战时政治工作在指导上既要注重一般，更要注重具体，“应依据各个部队所处不同环境与不同任务，分别给以个别的具体指示”，“当着给养缺乏，行军疲劳，尤其是战争失利时，政治人员应以最高度的紧张精神，在部队中进行充分的宣传鼓动”，“政治机关给下级的指示与工作计划，应带有充分的弹性，以发展下级工作的自动性”。

袁国平在指导部队开展政治工作的同时，亲自撰稿宣传红军指战员可歌可泣的英雄事迹，《红星》报4月8日发表《太阳嶂战斗的胜利》，表彰红4师第12团2营5连和师部侦察队等部：“他们以两连兵力迎拒十数倍于我的优势敌人，激战终日，越战越勇，营长、连长、指导员及代营长、代连长、代指导员继续伤亡二次，仍无退缩动摇，坚忍卓绝的与敌人血战到底”。

4 月上旬，第五次反“围剿”进入更加艰苦的阶段，袁国平写有《现时战斗中的政治工作》，在《革命与战争》上发表。该文共 1 万余字，讲了 11 个方面的问题，几乎涵盖了第五次反“围剿”政治工作的方方面面。

袁国平指出，蒋介石发动第五次“围剿”，就是“想要从持久战中，消耗我们有生力量及物质资材”。对持久战条件下在待机地域如何做好政治工作，在守备战中如何做好政治工作，对坚固堡垒实施进攻时的政治工作，连续作战时的政治工作，有组织的退出战斗时的政治工作，侦察作战时的政治工作，夜间作战时的政治工作，政治工作要随着战场情况的变化而变化等问题，袁国平都作了较为详尽的解释和说明，对政治工作的开展具有普遍的指导意义。

4 月 13 日，红 6 师在广昌保卫战中掩护主力撤退，圆满完成任务，袁国平撰写的《一个模范的退出战斗》，第2天就在《红星》报发表。一个月后，袁国平在该报发表《在浴血的广昌战斗中》，称“广昌虽然陷失，然而我英勇的红军是尽了他们的努力，经过了残酷的浴血战斗”，“任何反革命破坏红军与投敌的企图，都要在红色战士的面前遭到惨败！”

广昌失守，红军已失去在内线打破“围剿”的可能，但中共中央领导层却仍要求红军与国民党军硬拼，从4月底一直打到9月底放弃石城，其间最惨烈的是高虎脑防御战。此战从8月5日打到8月7日，最激烈的交锋不过2天，可此战空前激烈，尽管红军奉命而退，但不失为一次成功的防御战。

为打好这一仗，袁国平在战前进行了普遍而又深入的政治动员，战斗中又保证战时政治工作不间断。袁国平亲自拟制宣传大纲，从军团到班排层层思想发动。军团政治部的火线小报不仅没有停刊，而且出了增刊，能够通过政治部直接派往作战部队的工作人员，迅速收集材料撰写出版。8月6日那天战斗间隙，还印发了《为高虎脑战斗胜利告红色战士书》，以鼓励官兵连续作战。

战后，袁国平仍然没有放松政治工作，迅速在报纸上与会议中宣传这次战斗的胜利，直接派人或写信慰问战斗最激烈与最英勇的部队，指示连队召开支部会或政治工作会议，举行庆祝胜利与追悼死难者大会，军团火线剧社与各师火线分社，分赴各连队唱歌跳舞，进行娱乐、慰问等工作，迅速提拔、补充伤亡干部并召集干部会议，及时印发慰问伤员书，并派人到医院巡视和慰问伤员。

在长征途中

1934 年 10 月 7 日，中革军委命令红三军团，准备实施战略转移，袁国平立即深入一线做思想动员工作，进行仇恨敌人、藐视敌人的教育，为战略转移做了充分的思想准备。炮兵营既无运输工具，又要跋山涉水，袁国平就亲自到炮兵营，进行革命英雄主义教育，开展抬炮立功运动。

10月17日，红三军团在秋雾弥漫中渡过雩都河，连续冲破三道封锁线。袁国平10月28日亲率红4师第10团为前卫，随红一军团抢渡湘江，控制了界首到脚山铺的渡河点，架起浮桥。

袁国平返回军团指挥所之前，向红10团政治委员杨勇交代："红10团任务艰巨，你们立即在界首以南的光华铺、枫山铺地区构筑野战工事，保障渡河点的安全，掩护军委纵队和红9军团、红5军团渡江，要誓死坚守阵地，没有命令，不准撤出阵地。"袁国平还不放心，特派宣传部长刘志坚到红10团督战。此战非常惨烈，团长沈述清壮烈牺牲，红4师参谋长杜中美接任团长后也光荣牺牲。

湘江战役，红三军团实力损失一半。12月18日，中央政治局在黎平召开会议，赞同毛泽东提出的向国民党军力量薄弱的贵州进军的意见，决心迅速抢渡乌江，占领遵义。在离乌江还有数百里时，袁国平就向部队发出动员令："迅速争取时间，积极准备器材，突破乌江封锁线"。

渡江之前，袁国平向官兵作了"突破乌江封

锁线，创造渡江英雄”的报告，接着与彭德怀一起到最前线指挥战斗。老红军杨春芳回忆说：“正在准备发起攻击时，忽然见到彭军团长和袁主任赶来亲自指挥，更给我们增添了无比的力量，这时袁主任在阵前喊了有力的口号。我们的胸中更燃烧起了消灭敌人的怒火，接着我们炮兵掩护渡江的勇士们发起了猛烈的攻击，渡河的英雄们更奋勇地冲过了乌江，占领了险要的渡口，对岸工事里的敌人被冲散了，红军的大队人马便重新架起了桥，迅速地冲过乌江”。

1935 年 1 月 15—17 日，中共中央政治局扩大会议在遵义举行，结束了“左”倾错误路线。遵义会议之后，袁国平身患急性肺结核，中革军委决定让袁国平到军委纵队休养，其职务由刘少奇接任，还暂时把邱一涵由红三军团卫生部总支书记调往军委纵队休养连任指导员。

袁国平随中央军委纵队四局行动和休养，由于长途跋涉，居无定所，天气变化无常，袁国平病情几个月不见好转，受冷时还会加重。袁国平病情稍有好转，就要求回红三军团工作。中央军委经过讨论，仍劝袁国平继续留中央纵队治病。

袁国平病情好转后，继续担任红三军团政治部主任。6 月 13 日，总政治部发出《关于中央红军与红四方面军汇合后加强政治工作的指示》，袁国平立即按要求做好部队思想动员工作，此时中央红军正准备翻越长征途中的第一座大雪山夹金山。

邱一涵由于幼时裹过小脚，在第五次反“围剿”时右手因抢救战友受伤致残，她只好吃力地用左手拄着根棍子，艰难攀登，一不小心跌倒在雪地上，怎么也起不来。此时袁国平幸好路过，赶忙把邱一涵拉起来。袁国平的马背上驮着时任红三军团教导营总支书记的伤病员唐亮，邱一涵就拉着马尾巴爬过了雪山。

中央红军与红四方面军会师后，红三军团改称红 3 军，袁国平为政治部主任。8 月 4—6 日，中共中央在毛儿盖附近的沙窝召开政治局扩大会议，决定恢复红一方面军番号，周恩来为红一方面军司令员兼政治委员。

恰在这时，周恩来突然病倒，连续几天高烧不退，有时昏迷不醒。周恩来刚苏醒过来，就给红

1 军、红 3 军去电，准备在 7—10 天内经班佑北上。8 月 20 日上午，周恩来与红一方面军政治部代主任袁国平发出指示，要求部队在北进前，必须向部队进行充分的政治动员与必要的物资补充。

红一方面军开始过草地之前，袁国平对部队进行了“发扬阶级友爱克服困难”的教育。袁国平途中听说红 12 团粮食全部吃光，被困草地，就动员其他部队每人献出一碗干炒粮，援救红 12 团。官兵们听了袁国平充满感情的报告后，都愿意拿出最珍贵的粮食并派人送过去。

袁国平在困难的时候，总能给人以信心和力量。老红军杨春芳回忆说：“此后情况更加艰苦，我们开始拔野草充饥。正在这时，我们的炮兵营长匡裕民同志两只脚被水泡烂了，寸步难行。于是我就扶匡裕民同志走。实在走不动了，歇一下又扶着他走，每当极其难以坚持的时候，袁主任对我们讲过的‘熬过艰苦就是胜利’的话，仿佛又在我的耳际荡漾着。于是我们又兴奋起来了，战胜了饥饿，克服了疲劳。我们很多同志也就这样地拖过了草地。我们为什么能够战胜这种困难呢？这是党的力量，阶级的力量，也是袁主任给予我们的力量啊！”

其实袁国平自己也是忍饥挨饿过的草地，没有房子，袁国平就与刘志坚、向仲华折树枝搭棚子睡。晚上下雨，棚子根本挡不住雨水，浑身湿透，无法入睡，就背靠背挤在一起说笑话、讲故事、猜谜语、唱歌，一直熬到天亮。

9 月 12 日，袁国平出席中央政治局在俄界召开的扩大会议，红一方面军主力和中央直属部队改编为陕甘支队，下辖第 1 纵队、第 2 纵队、第 3 纵队，袁国平先任第 1 纵队保卫局局长，后又任第 2 纵队政治部主任。

何长工作为袁国平的搭档，后来回忆说：“袁国平和彭德怀同志从 1930 年至 1936 年一直在一起工作，关系非常好。彭德怀同志军事上多谋善断，是杰出的军事家。袁国平同志会做政治工作，是彭德怀的得力助手，是杰出的政治家、鼓动家。他们都是雷厉风行、以身作则的。他们对自己对干部都要求极严。所以红三军团在几次反‘围剿’中，以及在艰苦的长征中，都是中央红军的主力。”

陕甘支队过了岷山，毛泽东心情豁然开朗，作《七律·长征》诗：“红军不怕远征难，万水千山只等闲。五岭逶迤腾细浪，乌蒙磅礴走泥丸。金沙水拍云崖暖，大渡桥横铁索寒。更喜岷山千里雪，三军过后尽开颜。”袁国平读后，心潮澎湃，按捺不住内心的冲动，用原韵写出《和毛主席长征诗》：“万里长征有何难？中原百战也等闲。驰骋潇湘翻浊浪，纵横云贵等弹丸。金沙大渡征云暖，草地雪山杀气寒。最喜腊子口外月，夜辞茫荒笑开颜。”

03 陕北岁月

初到陕北

1935 年 10 月 21 日凌晨，陕甘支队在吴起镇西北的塬上深沟，打了一场漂亮的伏击战，袁国平随后来到瓦窑堡。西北革命军事委员会决定将红一方面军干部团与陕北红军干部学校合并为中国工农红军学校，周昆任校长，宋任穷任政治委员，袁国平任政治部主任，学校驻永坪镇。

红军学校刚成立时，生活条件极差，寒冬腊月，缺医少药，个别人甚至被病魔夺去了生命。袁国平倍感痛惜，他们没有倒在敌人的枪林弹雨中，却没能躲过疾病的侵袭。袁国平找到红军总供给部长叶季壮，学员们才陆续穿上棉衣。

1935年年底，宋任穷调任红28军政治委员，袁国平任红军学校政治委员。此时中日民族矛盾上升为主要矛盾，中共中央制定了抗日民族统一战线的战略方针，但大多数学员一时转不过弯来，有学员大着胆子向袁国平提出：政委你搞错了没有呀，我们共产党怎么能同民族资产阶级搞在一起呢？

“当然可以！”袁国平斩钉截铁地说，“由于日寇大举入侵中国，我们面临着当亡国奴的危险，这就引起我国社会矛盾性质的根本转变。现在是中国和日本的民族矛盾高于阶级矛盾，我们要解放全中国人民，首先要确保中华民族的独立和自由”，“只要抗日爱国，都是我们的统战对象，民族资产阶级当然包括在内。如果我们中国人搞‘窝里斗’，那不正中日本人的下怀吗？”袁国平讲到这儿，台下响起阵阵掌声。

红军初到陕北，干部奇缺，毛泽东在起草《中共中央关于军事战略问题的决议》时提出，红军学校要在1936年2月5日前“第一期出校，第二期入校”，“准备三百个排长，在三月后使用”，还要求2—7月“红校出产500个连长，300个指导员，50 个营长，350 个游击战争的干部”。

1936 年 1 月，中国工农红军学校改名为西北抗日红军学校。毛泽东、周恩来、彭德怀和周昆、袁国平 2 月联合发出招生布告：为适应抗日民族革命战争之开展，决定招收各地革命青年爱国志士来校学习，以培养和造就大批军事政治的民族抗日干部，领导民族革命战争，争取中国民族独立自由与彻底解放。

布告发布不久，学员一下子扩大到 1000 多人，是原来的两倍半。器材不足，袁国平就发动教职学员就地取材。教员不够，袁国平自任教员，还规定有教学能力的校领导和营连干部均兼任教员。教材缺乏，袁国平就召集训练处处长郭化若、政治部主任莫文骅和政治主任教员陈明商量，亲自动手，很快就编出《红军战时政治工作》《红军连队政治工作》等急需的教材。

在红一方面军发起东征战役之际，袁国平被任命为中央军委后方办事处政治部主任。开始那段时间，袁国平实际主持后方办事处的日常工作。不久，陕北省苏维埃第二次代表大会隆重开幕，袁国平发表了热情洋溢的致辞，号召地方独立团、独立营、游击队、赤卫队肃清土匪，打击民团，袭击国民党军堡垒线，破坏国民党军筑碉计划，为保卫和发展陕北苏区而战。

东征战役期间，袁国平与陕北各级党组织一道，组织担架队、运输队，把大批军需物资源源不断地运往前线。不幸的是，红 28 军军长刘志丹在攻打山西省中阳县三交镇的战斗中牺牲，袁国平主持了刘志丹追悼大会。

创办抗日红军大学

1936 年 5 月 20 日，中共中央政治局常委会研究创办抗日红军大学，毛泽东提出的名单如下：校长林彪，教育长罗瑞卿，校务部主任周昆，教务部主任何涤宙，政治部主任袁国平。5 月 29 日，毛泽东在给彭德怀的电报中再次提出："以林彪为校长，罗瑞卿为教育长，周昆为校务部长，袁国平为训练部长。”这所学校，开始叫“中国抗日红军大学”，后改称“中国人民抗日军事政治大学”。

红大成立后，原西北抗日红军学校改编为红大第三科，科长周昆，政治委员袁国平。6月17日，鉴于东北军一部进至离瓦窑堡不到30公里的蟠龙、永坪一线，毛泽东、周恩来、彭德怀发布命令，规定“红校教育部、供给处及资材归袁国平同志指挥”。6月21日下午1时，中共中央决定驻瓦窑堡各机关立即撤离，指定袁国平负责察看红大校址。

袁国平率部撤离瓦窑堡后，收到毛泽东、周恩来的电报：中央决定移驻保安，请袁国平率红大开往保安。袁国平到后，发现全城房子不到百间，到处石头瓦砾，遍地荒草荆棘，一片荒凉破落的景象。

这时一位热心的老农对袁国平说，城南的寨子山上有一群石洞，袁国平跟着这位老农前往，只见山坡上稀稀拉拉长着一些耐干旱的酸枣树，山坡上露出几十个黑黢黢的石洞口，好似马蜂窝。老农向袁国平慢慢道来：这些石洞据说是用来供奉“元始天尊”的，而“元始天尊”是神话传说中昆仑山上的一位神仙。

毛泽东对袁国平选的这些石洞非常满意，风趣地对袁国平说：“祖先们给我们留下的这些遗产，败家子们是无法破坏的，它火烧不毁，炮轰不垮，这是保安的一‘宝’啊！就在这里建校吧！”毛泽东还幽默地说：“你们是元始天尊的弟子，在洞中修炼。什么时候下山呢？天下大乱你们就下山！”

可寨子山的石洞仅能容纳红大第一科、第二科 200 余人，袁国平、周昆只得把第三科千余人带往川宁、巡提寺一线，最大的困难是粮源紧张，中央军委决定第三科移至甘肃东部的环县，袁国平和周昆率部抵达环县木钵镇。过了些时间，袁国平发现木钵的一些党政干部贪图享受，不重视武装力量建设，多数群众不了解共产党和红军，遂派出精干人员，帮助地方党和政府解决群众的实际困难，又派专门负责培养地方干部的游击连、特科营骑兵连和政治部几名干部，与两个地方团合编成陇东环县游击支队，由第三科游击战术教员兼第二连连长刘少卿任支队长，这支部队成为环县地区一支活跃的红色武装。

红大三科学员文化水平普遍偏低，袁国平建议先解决这一问题，得到毛泽东的认可。8月26日，毛泽东在给林彪的信中指出，“三科的文化教育（识字，作文，看书报等能力的养成），是整个教育计划中最重要最根本的部分之一”，“我想应在二三两科，在以后的四个月中，把文化课（识字，看书，作文三门）更增加些，我意把它增加到全学习时间（包括自修时间）的四分之一或三分之一”。

红军三大主力会师后，中央军委决定三个方面军的学校逐步合并。11月17日，袁国平与红二方面军随营学校副校长陈伯钧共同组织联欢会，庆祝红大第三科与随营学校会合。散会后，袁国平和陈伯钧刚要离开会场，就听到“轰隆”一声巨响，袁国平与陈伯钧连忙跑步赶到爆炸现场，指挥抢救伤员，吩咐大家注意隐蔽，防止国民党军的飞机再次偷袭。

11月20日，根据周恩来电令，红二方面军随营学校归周昆、袁国平统一指挥，抗击进攻环县的国民党军。此时毛泽东正运筹山城堡战役，周昆、袁国平率部严阵以待，奉命统一指挥位于环县的由红大第三科改称的教导师、红二方面军随营学校以及独立师、环县游击支队等地方武装，较好地配合了主力红军的作战行动。

11 月 24 日，中央军委电令红大第三科、红二方面军随营学校和红四方面军步兵学校组成抗日红军大学第二校（教导师），以刘伯承为校（师）长，袁国平为政治委员。两天后，周恩来、刘伯承赶至木钵，木钵及其周围的军事形势依然紧张。袁国平和周昆分析了周围的敌情，认为对教导师威胁最大的是位于曲子镇的东北军，决定给东北军一点颜色看看，迫使东北军放弃幻想，停止进攻。

战斗打响之前，袁国平亲自到突击连向突击队员鼓劲，与连长田长江一起研究攻击方案，选择攻击点。12 月 1 日晚 8 点左右，教导师向位于五里桥、曲子之间的东北军发起猛攻，一部突入五里桥，袭击东北军师部，第二天拂晓主动撤出战斗。

12 月 6 日，红大第二校正式开学，几天后刘伯承、袁国平接到报告，有一股 100 余人的土匪武装，正在黑桃川一带烧杀抢掠。刘伯承、袁国平立即命令第 4 连前去清剿，毙俘土匪 20 余人，其余土匪落荒而逃。几日后，震惊中外的西安事变爆发，刘伯承、袁国平命令教导师、独立师、环县游击支队等部严阵以待，时刻准备投入战斗。

在抗大步兵学校

1936 年 12 月 26 日，袁国平、周昆率抗大第二校向庆阳镇转移，校部设在巍峨壮观、地势险要的新城。不久，中国抗日红军大学改称中国人民抗日军事政治大学，第二校亦改称中国人民抗日军事政治大学第二校。后第二校又改称抗大步兵学校，简称庆阳步校。

袁国平到庆阳不久，就与地方党组织共同组建联合工作队，分别到庆阳、桐原、西峰、合水等地发动群众。与此同时，袁国平还对国民党军政官员开展统战工作，当得知骑兵第 7 团团长陈大章曾经是中共党员后，派段箕权打入该团。陈大章表示早就不愿意攻打红军，还说时机成熟时就把部队拉出来加入红军。

袁国平对段箕权说："目前正是国共合作的敏感时期，我们还不能公开策反国民党的部队参加红军，但我们可以设法改造这支部队。"段箕权回忆说："师政委袁国平同志指派我和许兴同志前去，先到泾川，任命我为团军事教导队政治教官。1937 年春节前，我和许兴同志到隆德县第 7 团团部找陈大章，陈和隆德县县长（姓名忘记，也是东北军派的）待我们很热情，一见如故，往往深谈至半夜。"

袁国平一听隆德县县长是东北人，便对段箕权说："你回隆德后，先向他提出红军到隆德宣传抗日的问题。他只要同意，我们就好办了。"那位县长果然表示愿与红军合作，袁国平很快派出一批学员到隆德走街串户，宣传抗日救国的道理和共产党的政策主张。

在红军的宣传影响下，东北军与红军的关系比较融洽。袁国平在与陇东各族各界抗日救国总会主任委员、共产党员窦志安见面时交代："愿拿步枪在东北军内换子弹，你可回去办理。"按东北军的规定，如果少了枪，需要连长赔偿，否则连长就要被撤职查办，但子弹可以报为作战消耗。窦志安找到东北军第683团团长赵绍宗，赵绍宗慷慨答应说："送他们12箱，拿枪就不换了。"

袁国平到庆阳不久，老百姓就状告当地土豪冯翊清父子，袁国平决心采取行动，给老百姓一个交代。袁国平派庆阳步校警卫连将冯家豪华的四合大院团团围住，冯翊清和他的5个儿子和侄子，慑于红军的强大声威，乖乖束手就擒。袁国平以庆阳步校政治部的名义，将冯氏父子的累累罪行发布告公之于众。

冯氏家族四处活动，千方百计干扰冯案的调查和审理。袁国平一面发动庆阳各界群众游行示威，一面亲自找庆阳县公署长官蔡用之协商。老奸巨猾的蔡用之心中有鬼，含糊其词，袁国平发电报给甘肃省第三区行政督察专员戎纪五，戎纪五见共产党已抓住冯翊清的把柄，不得不同意袁国平提出的由国、共两党共同审判冯氏父子的提议，庆阳步校的任质斌被推选为审判委员会主任。

冯翊清父子被控犯有吞没赈款、欺压良民、强占民家产业、勾结土匪、私藏军火、诬陷红军、挑拨中央军与红军的关系等罪行，袁国平认为若无碍国共合作大局，应充分尊重群众的意见，于4月28日向毛泽东、张闻天、彭德怀、李富春报告："现全体群众要求拘捕，连地主、商人在内均纷纷请愿、示威、罢工、罢市、罢课，要求将冯枪毙，专员公署则采取不理会的态度，现拟若是群众要求我们处冯死刑，是否有碍大局，盼即电示"。毛泽东、张闻天当天即回电袁国平："冯案处置，冯暂不枪毙，但应惩办并监禁。"

5月2日，袁国平向毛泽东、张闻天报告冯案的处理结果："庆阳冯案在群众斗争基础上和上层策略的正确运用下，已疑通专员公署，得其同意，照我所拟判冯徒刑，追交人欠帐款，赔偿被害群众损失等条件，就地解决此案，可算完满成功，日内即可望详情复报。"张闻天和毛泽东当天深夜就给袁国平回电："同意二日十三时电处置冯案办法"。

在此之前的4月30日，袁国平兼任庆阳步校校长、政治委员，直到8月庆阳步校建制被撤销。这段时间，袁国平政治、军事一把抓，军事训练搞得有声有色。7月16日，袁国平写给毛泽东、朱德、彭德怀、任弼时的第一次实弹射击报告称，步校采用射击瞄准、击发要领等教学是进步的，希前方亦能够推进。

袁国平担任校长兼政治委员时签发的毕业证书上印有："中国人民红军步兵学校校训：意志要团结，工作要紧张，纪律要严肃，生活要活泼"。毕业证书同时还印有对学员的殷切希望："要在工作中继续努力学习军事政治！为中华民族与社会的解放奋斗到底！"1956年，袁国平的儿子袁振威去看望刘伯承元帅时，刘伯承谈起这段往事时还说，袁国平曾提出把红大学员培养成"政治方向要坚定正确、工作作风要艰苦朴素、战略战术要灵活机动"的指挥员，以及学校生活应该"团结、紧张、严肃、活泼"。

庆阳步校最后一期学员毕业到前线之前，袁国平主持了换装仪式。可是，让红军学员脱掉这身心爱的军装，改换成青天白日帽徽的国民党部队的军装，在感情上一时接受不了。袁国平三道口令下过后，学员们才开始勉强脱下汗渍斑斑的破旧军装。袁国平、罗贵波等校领导带头迅速换装。几天后，罗贵波带领庆阳步校学员1000多人，到陕西省云阳镇八路军总部报到。中央军委后来以该校教职员为基础，组建八路军随营学校，开赴山西前线，在八路军总部领导下继续办学。

担任陇东特委书记

1937年6月，罗人骥接任国民党甘肃省第三区行政督察专员，他刚上任就听说袁国平是难得的人才，遂向袁国平表示愿与共产党和红军竭诚合作。袁国平率庆阳步校和陕甘宁省委3人抵西峰镇，与罗人骥洽谈合作事宜。袁国平开门见山地就保障言论自由、减少苛捐杂税、振兴教育事业提出了自己的看法。罗人骥虽然平时官僚习气十足，但感到袁国平讲得在理，不禁对袁国平又增加了一份敬意。袁国平深感陇东地区统一战线工作缺乏统一领导，不仅地方党组织领导关系没有理顺，而且红军亦各自为政，于是在7月7日向中共中央提出建立陇东特委的设想。

两天后，罗人骥给袁国平打电话，说西峰镇驿马关到庆阳三十里铺一带的佛教会、一心会是日本人操纵的间谍机构，袁国平当即表示："我们可以派部队摧毁他们。"袁国平立即向毛泽东、洛甫、彭德怀等报告，建议陕甘宁省委负责马岭、新铺，庆阳步校负责庆阳、三十里铺，红十五军团负责驿马关，将这些间谍机构一网打尽。行动开始后，袁国平亲自组织缉捕，搜查到大批爆炸物和反动宣传品。

7月22日，张闻天同意由袁国平负责筹组陇东特委，直属中共中央领导。7月30日，中共中央任命袁国平为中共陇东特委书记，不久宁县、合水、庆阳、驿马关4个县委，西峰、固源、平泾3个工委以及平凉市委、镇原中心县委亦相继成立。

在此期间，袁国平接待国民党军高级军官参观团，一位黄埔军校四期同学感慨道：“袁仁兄，黄埔毕业后，我们分道扬镳了，你朝左走，我们向右转了。”袁国平莞尔一笑：“大家都是炎黄子孙，一切应以民族利益为重，共弃前嫌，携手前进。看来我们还是有缘，今天不是又走到一起来了吗？”众人听罢，不禁哈哈大笑，气氛顿时变得轻松起来。

还有一位军官拍了拍袁国平的肩膀，显得关切而又惋惜地说：“以袁仁兄之大才，若能到国军那边去，肯定能授以高位，委以重任，俸以厚禄。何必固守这穷山沟，过这种苦行僧一样的日子？”袁国平听罢，莞尔一笑：“多谢兄台美意。不才要是为了当官发财，就不当共产党了。我此生别无他求，只愿为劳苦大众、为我们中华民族做些有益的事。能让四万万同胞不做日寇铁蹄下的亡国奴，足矣！”一席话说得那位军官面红耳赤，一时不知说什么好。

袁国平陪参观团转了两天，几位同学请袁国平赋诗，袁国平颔首从命，欣然命笔，遂作七绝无

题诗二首:“三年同学十年仇,百战纠缠一战休。差幸干戈化玉帛,愿从风雨济同舟。”“逐鹿中原为国是,十年征战听人评。相逢休话阋墙事,莫使神州任陆沉。”众人看罢,纷纷赞不绝口。

袁国平是一个坚定的革命者,同时也是有血肉之躯的普通人。袁国平时常给家里写信,有时会寄些照片,其中有一张照片的后面是一首诗:“十载辛酸斗兵戎,愧我吴下旧阿蒙。半壁河山沉血海,满地干戈抖沙虫。北伐长征人犹在,千伤万死鬼亦雄。弹丸挣扎鱼龙变,地覆天翻见大同。”这年9月,袁国平回了老家一趟,启发侄儿袁振鹏“好好学习,长大了好建设我们的新国家”。

抗战一开始,中共中央就坚持统一战线中的独立自主原则,袁国平也一直按照中共中央的部署开展工作。但王明到达延安后,却宣称“一切服从统一战线”“一切经过统一战线”,袁国平始终站在毛泽东等中央领导人正确意见的一边。

10月22日,中共中央政治局召开常委会,讨论陇东特委的工作问题。毛泽东在发言中,要求陇东特委应避免对国民党的“迁就倾向”。袁国平按照毛泽东的指示，放开手脚大抓党的建设、征兵募捐工作及抗敌动员委员会的工作，陇东各县共动员 3100 余名优秀青年参加八路军，筹募大洋 1500 余元，筹集鞋袜、手套、线衣约 4000 件，均超额完成任务。

12月上旬，罗人骥主持召开第三区行政会议，讨论袁国平提出的一揽子提案，其中最重要的是两个月征 1200 名新兵参加八路军。国民党几个比较顽固的县长坚决不同意，罗人骥顶住这几个县长的压力，强行通过了袁国平的提案。罗人骥邀请袁国平派人帮助整训民团，袁国平派了 3 个得力干部前往。

这年冬天，袁国平到中共中央汇报工作，得到充分重视。毛泽东在《上海太原失陷以后抗日战争的形势和任务》中指出："在西安，纠正了两党关系上的无原则倾向（迁就倾向），重新开展了群众斗争。""在陇东，情况和西安大体相同。"

袁国平自患急性肺结核后，身体每况愈下。1938 年 1 月，袁国平在邱一涵和大家的极力劝说下，才赶至延安治病。住院期间，袁国平给袁振鹏写了一封信："由庆阳到延安治病两个月，身体已康复，我过惯了战壕生活，正请求党中央派我去抗日前线去工作。愿为我中华民族之生存、解放和夺取抗战的最后胜利而英勇战斗，纵然捐躯疆场，死而无憾。如奉调前方另当函告。望努力学习，锻炼体格，诸位珍重"。

04 战斗在新四军

为新四军政治工作奠基

袁国平在延安住院前后，由红军主力改编的八路军已深入华北敌后，由坚持南方三年游击战争的红军和游击队改编的新四军，亦分别向皖南、皖西集中编组。袁国平到皖南之前，新四军和中共中央东南分局领导成员已先后确定下来，而中共中央对新四军政治部主任的人选十分慎重，毛泽东曾先后考虑由陈毅、张际春、谭政任该职。

1938 年 3 月 13 日，张闻天、毛泽东致电陈绍禹、周恩来、博古、叶剑英：“四军是独立工作，而张际春、谭政都吃不下，后方亦不能少他们，我们决定派袁国平去为主任。”3 月 18 日，毛泽东致电项英：中央决定派袁国平为新四军政治部主任，邓子恢为副主任。电报特别强调："袁政治开展，经验亦多。"

毛泽东在袁国平离开延安之前，专门与袁国平进行了长谈，还特意安排抗大合作社为即将派往新四军的干部们饯行。这顿饭给后任新四军第7师巢湖独立团团长的顾鸿留下了深刻的印象："晚上呢，本来主席要去，陪我们一起吃晚饭。主席讲有什么急事，他就没来，就请袁国平主任做代表"。

1938年4月上旬，袁国平偕夫人邱一涵，与随行的50名干部以及其他工作人员，一起离开延安。途经郑州转车时，袁国平与正在陇海铁路郑州站工作的大哥袁醉如相逢。兄弟俩分别近十载，遇见后畅谈别后情况，憧憬美好未来。袁醉如在自传中写道："我们兄弟难得一次见面机会，并合影留念。他在相片上题了'重逢和平底定日，再别慷慨赴敌时。'不想从此永诀，不复再见。"

袁国平在八路军武汉办事处，见到了周恩来。周恩来告诫他要认真贯彻抗日民族统一战线，广泛联系一切赞成国共合作、共同抗日的人士。离开武汉，袁国平让孙仲德、叶道志带队继续往南昌赶路，自己则到长沙八路军驻湘通讯处，没想到在这里遇见了久别的老朋友陈新宪。陈新宪听了徐特立的报告和袁国平的话，觉得国难当头，匹夫有责，决心到皖南参加抗战。

4 月 26 日，袁国平率部分官兵，乘汽车由南昌到达歙县岩寺，恰巧叶挺、项英正在祠堂主持召开排以上干部誓师大会，进行东进敌后、坚持抗战的政治动员。当袁国平满面笑容来到会场时，全场响起经久不息的掌声。袁国平以洪亮的声音，深入浅出的语言，传达了中共中央和毛泽东对新四军的指示，指出新四军的主要任务是宣传群众、组织群众、武装群众，团结各阶层绝大多数爱国人士，共同协力抗战。两天后，新四军先遣支队揭开了新四军东进抗日的序幕。

新四军军部不久移驻南陵县土塘村，袁国平主持召开第一次政治工作会议，讨论新四军政治工作的基本方针和任务。就在会议开始的6月17日，先遣支队在镇江西南之韦岗，伏击由镇江开往句容的日军野战重炮兵第 5 旅团司令部车队，新四军在江南首战告捷，群情振奋。

在这次政治工作会议上，袁国平首先肯定新四军成立以来，政治工作获得了不少成绩，已建立起初步的基础。袁国平同时指出，政治工作与战争形势的发展和新四军的任务仍不相适应，应把新四军的政治工作大大向前提高一步，“为创造铁的新四军而斗争”，强调“政治工作是革命军队的生命线”。

这次会议的基本精神，经袁国平归纳整理，形成《全军政治工作会议总结》，作为新四军开展政治工作的基本遵循和依据。8 月 2 日，新四军军部移驻泾县云岭，这一带层峦叠嶂，是部队栖身的好地方。附近有个桃花潭，潭面开阔，水清如镜。唐代著名诗人李白曾来这里看望好友汪伦，离别时汪伦以鼓乐列队隆重送别，李白即席吟诗酬答，为后世留下了“桃花潭水深千尺，不及汪伦送我情”的佳句。

袁国平到皖南后，为了让新四军指战员早日看到中共中央的指示和军领导的号召，在新四军军部建立了印刷所。5 月 1 日，也就是袁国平到皖南的第 6 天,《抗敌报》在袁国平的筹划下在岩寺创刊，开始时只能油印蜡刻出版。11 月，该报铅印版正式出版。从此，四开《抗敌报》源源不断地从小河口印刷所运往抗日前线。印刷所还印刷了《抗敌》杂志、《抗敌画报》，毛泽东的《反对自由主义》《论持久战》《论新阶段》等各种单行本和毛泽东主席、朱德总司令的画像。

1940 年下半年，国民党派特务在印刷所附近搞破坏，晚上打冷枪，企图制造事端。为了安全和便于领导，袁国平决定将印刷所从小河口搬到新四军军部驻地云岭附近的李家村。

团结一切抗日的力量

袁国平指导部队把工人、农民以及各阶级、各阶层中拥护抗日的人们团结起来，形成群众性的抗战洪流。先遣支队出发之前，袁国平交代邓子恢负责起草布告，阐明新四军的宗旨、纪律和任务。

江南老百姓从这份布告里，第一次知道有一支专门打日本鬼子的新四军。1938 年 5 月 1 日，大美晚报社创办《大美画报》，封面就是袁国平的照片。《世界军情画报》也以《游击劲旅之——新四军》为题，配发 4 张照片，其说明词为："新四军官佐及机关枪队，圆图为政治训练处主任袁国平，对于向民众施政治教育其力足多"。

皖南地区为国民党统治区，袁国平利用民众运动这一合法手段，大张旗鼓地发动群众。袁国平组建茂林工作队，经过 4 个月的工作，吸收了一批积极分子入党参军，茂林的面貌焕然一新。茂林工作队接着又在章家渡、汀潭、三里店、中村、铜陵、繁昌等地开展民运工作，至 1939 年 2 月，逐步建立起 14 个县级党组织和 3 个特委。

袁国平把组织群众与争取地方武装、发展游击队同步进行。第 3 支队驻南陵时，新四军收编了俞子才部 70 余人的地方武装。袁国平后又派民运部组织科科长曾如清到铜陵沙洲，组建民运工作队，任命曾如清兼任沙洲游击大队教导员，帮助沙洲游击大队整顿，沙洲游击大队向新四军主力部队输送了不少兵员、武器和经费。

为争取爱国知名人士一致抗日，袁国平邀请从国外学成归来的陈维稷面谈，陈维稷回青阳动员民众，巧妙地把袁国平派来的军事干部刘妹钟等人安排到后称为常备队的地方武装，刘妹钟在常备队成立秘密党组织，坚持活动达 10 年之久。1949 年人民解放军横渡长江，常备队立即宣布武装起义。

袁国平还秘密会见国民党的青阳县长操竹友，之后陈维稷和共产党员方向明经常出入操竹友的办公室。1939 年 1 月，国民党通过《限制异党活动办法》，方向明在操竹友的办公室看到后，很快报告袁国平，袁国平和项英将此重要情况及时报告中共中央，使中国共产党能够对国民党顽固派的反共行径及早提高警惕。

1938 年下半年，陈维稷申请加入中国共产党，袁国平和黄诚做介绍人。考虑到陈维稷的社会地位较高，中共中央于 1939 年春批准陈维稷为特别党员。陈维稷后来说："这个短短时间，我是以战斗姿态出现又为奔向光明的开端"。

袁国平还注重加强对日伪军的政治工作，主

持召开对敌军政治工作座谈会，向部队下发《敌军政治工作纲要》。袁国平听说叶挺的秘书林植夫留日多年，便想把林植夫调到政治部任敌工部长，叶挺爽快答应。袁国平开门见山地对林植夫说："现在政治部还缺一个敌工部长，请你来负责可以吗？"林植夫坦白表示："在政治部工作不是共产党员可能会有些不便，而且自己过去反共非常厉害，更为不宜，袁主任如果有需要，我可以在军部方面随时帮忙好了"。

袁国平一再相劝，林植夫终于为袁国平的诚意所打动，答应暂时代理敌工部长。林植夫后来说："我致力国民革命垂四十年，自问只有这三年的工作最为称意，最有意义，因之这三年也是我一生最努力的三年，两鬓因此都弄白了。因此尽管因为党派摩擦的结果被捉关了五年，我丝毫也不后悔啊！我从过去经验，至少敢对人说：要升官发财不妨寻蒋介石，真要做事必须寻共产党啊！"

林植夫到任不久，就将缴获的日军文件、信件、日记、刊物、俘虏供述等整理印发。袁国平发现有一个日本士兵在家信中写道，他在南京与人开展杀人比赛，他杀了 101 人，另一个杀了 102 人，信中还附有一张摆在地上的一串长长的人头相片。

望着日军这些惨无人道的罪恶行径，袁国平气愤地对林植夫说：“这是日本军国主义对无辜平民大屠杀的罪证，你们把它编成小册子，向前方和后方散发。”美国记者史沫特莱女士把它译成英文，向全世界公布，控诉日本法西斯的暴行。

而袁国平对日军俘虏却采取优待政策，亲自安排并参加战地服务团为浙江金华文化界参观团和日军俘虏漕福、三谷举办的欢迎晚会。漕福深受感动，当即表示只有打倒日本军阀，才能求得东亚的真正和平。三谷也表示愿意与新四军住在一起，相互亲爱，亲如兄弟。新四军批准日军俘虏滨中政志、田畑作造、香河正男、后藤勇、横山岩寺加入新四军，袁国平在欢迎大会上，鼓励日本兄弟参加反法西斯的正义战争。

为争取伪军反正，袁国平在《抗敌》杂志创刊号发表文章，说新四军“散发了许多宣传品到敌人后方去”，“引起敌人对伪军不信任，最近在江宁敌人就因此杀了百多伪军”。文章发表 1 个多月后，苏南直溪桥伪军王德成部60余人毅然反正，镇江韦岗伪绥靖队百余人参加新四军，袁国平得知后异常高兴，挥笔撰写《论江南伪军工作》，称赞道："这两次伪军的反正，是江南伪军反正的第一声，替我们揭开了江南伪军之谜，并替江南伪军开辟了一条倒戈反正的光明道路"。

陪周恩来视察军部前后

1939年2月9日，新四军第二次政治工作会议开幕。袁国平2月10日作《本军政治工作一年来的总结和今后任务》的报告，后经袁国平充实整理，发表于1939年第3期《时论丛刊》。2月12日作《江南敌后游击战争中的军队政治工作》，发表于2月15日《抗敌》杂志创刊号，后收入《新军言论集》一书。袁国平的报告，对新四军的政治工作起到很好的指导作用。

会议刚结束，周恩来就到皖南视察，同时陪叶挺返回新四军军部。2月24日，新四军军部召开欢迎周恩来大会，袁国平主持并致欢迎词，周恩来即席发表《新阶段的新关键》的简短讲话，由速记班学员记录后，第二天便在《抗敌报》上刊登。几天后，周恩来在军部大礼堂召开排以上干部大会，作《目前形势和新四军的任务》的报告，经速记员连夜整理，第二天将记录稿送呈周恩来审阅。

周恩来看后十分满意，当场表示想带走两名速记员。袁国平当即表态："副主席要，哪能不给？我们挑两名学习成绩最好的学员给副主席带回去。"周恩来的这篇报告收入《周恩来选集》上卷。周恩来还应袁国平的请求，再次作了一场《党在新四军中的政治工作》的报告，该报告收入《周恩来军事文选》第二卷。

袁国平在陪同周恩来视察时，请周恩来为《抗敌报》刊头题字，周恩来爽快答应。自此，新四军《抗敌报》报头就一直使用周恩来所题的这3个字。周恩来在新四军紧张地工作了3个星期后，离开新四军军部前往浙江。叶挺、项英、袁国平等依依不舍地为周恩来送行。

几天后，新四军举行第二次参谋工作会议，袁国平就参谋部门与政治部门的关系，作了总结性发言，指出："政治规定着作战的目的，并且规定着作战的战略。在这样的意义看来，军事是服从政治的，因为军事是实现政治企图的一种手段。"但"战争开始之后胜利高于一切，一切都应服从战争胜利的利益，所以军队政治工作必须依据军事决心来确定它的中心任务，其实施的方法则应准确适应战争的情况与战术的要求，在这样的意义看来，政治又应该服从军事"。

袁国平作为中共中央派往新四军的政治部主任，始终牢记自己的使命和毛泽东的嘱托，努力开拓新四军政治工作。袁国平很注重向中共中央、中央军委和总政治部报告情况、请示工作。新四军第二次政治工作会议召开之前，袁国平把即将召开会议的打算电告延安，请求指示。会议开过不久，恰逢周恩来视察皖南，袁国平当面向周恩来汇报一年来政治工作经过及其现状，并托代为向中央转达。

周恩来离开皖南后，袁国平迫切希望得到延安方面的指示，遂亲笔以自己和邓子恢的名义，写信给毛泽东、王稼祥、谭政，简要报告新四军一年来征战的情况和新四军政治工作方面开展的情况，包括培训干部、开展统一战线工作方面的情况，介绍了新四军各部门的主要领导人。

袁国平在信的最后，希望总政治部“尽可能把八路军政工经验介绍给我们，最好转告八路军政治部与我们交换出版物和公开的文件”。“带全国性的材料，如基本的政治教育材料及政工条例之类，最好仍由总政负责供给，在这一方面，我们也在尝试进行，但因人力与时间关系，还不敢自信弄得好”，“可能时，常给指示”。

1939 年 4 月 15 日，袁国平以个人名义给王稼祥写信，再次报告新四军政治工作情况，特别讲道：“新四军政治工作组织纲要草案，是我起草经过恩来同志指正颁布的，其中有许多与过去原来的红军政工条例，大有出入，但基本精神与政工传统制度仍是保存着的，兹将颁发的草案寄来，请总政治部加以审查和修改，如认为基本上没有错误或者基本上不能采用时，均希预先电示”。

袁国平在这封信中，希望总政治部多介绍一

些八路军政治工作的经验，以资借鉴。信中还讲道：“最近工作详情，托去延安中央党校学习的第二支队司令员张鼎丞向王主任和毛主席、谭副主任及中央诸同志面报”。

袁国平的这两封信和一些电报，表达了希望得到中共中央、中央军委、总政治部指示和支持的恳切态度。正因为袁国平身居皖南心系延安，正确理解和坚决贯彻其意图，新四军的政治工作才在较短的时间内呈现蓬勃发展的局面。

抓好组织建设和宣教工作

袁国平始终强调新四军是中国共产党绝对领导的革命军队，在新四军第一次政治工作会议上提出的政治工作基本任务，第一项就是“健全党的工作”。在第二次政治工作会议上，又将“强固党的领导”列为政治工作基本任务的第一项。

袁国平在新四军抓党的建设，大致经历了3个发展阶段。从新四军组建到第一次政治工作会议，“确立了保持和加强党在军队独立领导的方针”，“党的组织开始初步建立”。从第一次政治工作会议到第二次政治工作会议，提出党的工作的中心是，一方面要发展党员，另一方面要提高党的质量，严密党的组织。从第二次政治工作会议到第一次党代表会议，主要是“改善党的生活，健全支部组织”，“进行党史教育以提高党员对党的信仰”。

1939 年 7 月 23 日，袁国平在新四军第一次党代会上，总结了党的建设的成效是党在新四军中有最高的威信和绝对的领导地位，保证了军队作战任务的完成，党的组织和工作基本上保证了党中央及军分会路线的执行，党员数量的增加为党在军队中奠定了坚实的基础，帮助地方建立党的组织。

袁国平很重视青年工作，在新四军第一次青年代表大会上，号召与会代表“要配合建军工作，教育青年爱护国家、爱护民族、爱护军队、拥护中国共产党，为抗日战争胜利、为国家民族独立解放和中国人民的最后解放而艰苦奋斗到底”。

欢送大会那天晚上，秋月圆圆，光如白昼，云岭陈家祠堂里盏盏汽油灯高高悬挂，袁国平以洪亮、清脆的声音，再次发表热情洋溢的讲话：“青年也好，老年人也好，只要有前进思想，进取的革命精神，老年也是青年；相反的，即使年龄很轻也不能成为近代青年，所以我们的口号是‘人老精神不老’。”当年参加会议的方志明，几十年后仍发出感慨：“今日读之，有如古钟重鸣，只要是当年的新四军青年，如今的新四军老战士，都将不言而喻，谁不感慨系之”。

袁国平对干部的培养、选拔和使用非常重视，在新四军第一次政治工作会议总结中指出：“‘干部决定一切’。干部政策的正确执行，对于巩固部队团结，发扬干部积极性，推进全军政治工作建设和一切进步，将起着决定的作用。”在新四军第二次政治工作会议上他再次强调：“干部决定一切，从政治上正确团结干部，认识干部，使用干部，并不断努力培养干部，这是完成政治任务与一切工作任务的重要前提”。在新四军第一次党代表大会上他谈到干部工作时说：“‘干部决定一切’这已是一个真理”。

袁国平对干部一视同仁，注重德才兼备，不搞山头主义，善于发挥知识分子干部的作用。知识分子出身的战地服务团团长朱克靖、组织部长李子芳、宣传部长朱镜我、民运部长夏征农、敌工部代理部长林植夫、教导总队训练处长薛暮桥、军医处长沈其震，都身居要职。袁国平发现一些单位对知识分子干部的使用存在不少问题，就批评他们“对新的知识分子轻视，对新干部提拔害怕，或不大胆信任他们”。

新四军教导总队是培养干部的摇篮，袁国平兼任教导总队政治委员后，经常到教导总队讲授马列主义、时事政治以及军队政治工作。袁国平在教导总队的讲稿，汇编成《新四军政治工作十讲》并印发部队。为借鉴苏联红军政治工作的经验，袁国平主持编辑《苏联红军政治工作选辑》，亲自撰写《编者小言》，称“苏联红军政治工作，是近代革命军队政治工作的先导和楷模”，但强调“任何原则都须灵活运用，而不能把它看为死的教条；任何经验都须以历史的批判的态度去接受，而不能机械的模仿”。

袁国平关心干部，经多次考察了解，没有发现战地服务团团长朱克靖与党组织失去联系期间，做有损党的利益的事，并且一直表现很好，遂恢复朱克靖的党籍。袁国平还批准崔义田、何士德、沈西蒙、沈亚威等一大批知识分子入党。新四军挺进纵队政治部主任龙树林在战斗中英勇牺牲，袁国平挥笔撰文《悼龙树林同志》，在《抗敌报》发表。江南抗日义勇军总指挥部副总指挥吴焜突遭顽军袭击牺牲，袁国平指示部队传唱新创作的歌曲《英勇奋战的吴副团长》。为给老红军王怀生过一个有意义的生日，袁国平在《抗敌报》上发文，称王怀生是“忠贞不移的老布尔什维克”。

1938 年秋的一天，袁国平要求民运工作队队长杨明把泾一区的政治、经济、文化等基本情况作一详细调查，用表格形式上报军部，队员陈潜自告奋勇承担这一任务。袁国平阅后，觉得如没有经过特种训练，不可能制成这种表格。经审查，陈潜和另一女队员果然是国民党特务机关派来的假夫妻。当时正是国共合作初期，为顾全大局，袁国平将陈潜两人遣送回去，保持了干部队伍的纯洁。

对不称职的干部，袁国平也毫不留情地予以处罚。教导总队有几个聘请来的教官，平日有打骂士兵的习惯，屡教不改，袁国平就把这几个教官辞退了。第1团有一个连长，把逃兵捉回来后吊起来打，袁国平知道后就免除了这个连长的职务。

对触犯纪律的干部，袁国平也按规定严肃处理。第3支队一名军法处长与尼姑通奸，袁国平在会议上公开提出批评：“他不爱江山爱尼姑，知法犯法，必须严肃处理，不仅撤职，还由军法处严肃处理。”此处长后来被判在军法处监督劳动。袁国平得知岩寺兵站站长生活铺张，亲自火烤小肥猪请客，便将这名干部撤职。

袁国平注重革命理论的作用，常引用列宁的那句名言，“没有革命的理论，就没有革命的行动”，提出要把新四军变为铁军，最基本的就是要有自己的信仰。一切工作的积极性，牺牲的精神，作战的勇气，艰苦耐劳的精神，都建立在信仰主义上，建立在这个伟大的理想上面。袁国平形象地说：“假如把政治工作分为组织和宣传，那么组织工作是骨干，宣传工作是血和肉，只有骨干没有血肉，躯干就腐朽下去”。

袁国平强调宣传教育工作要理论与实践相一致，强调“理论是行动的指南，行动是理论的实践，并使理论向前发展。要达到理论与实践一致的目的，在教育中应进行两条路线的斗争——反对教条主义与狭隘的经验主义”。袁国平还说：“马列主义本身不是在头脑中杜撰的，而是反映客观环境中客观存在的社会发展规律的理论”。

1939 年 12 月 4 日，袁国平在新四军宣传教育工作会议上提出了著名的主张：“建军必先建人，建人必先建脑”。对于如何建脑，袁国平指出要“依靠宣传教育”，“把头脑武装起来”，把“政治主张形成一种实际物质力量”，“变成人民自己的主张”。

袁国平身体力行，亲自授课。袁国平作革命新人生观的报告，深入浅出，比喻生动，官兵们个个听得入神。新四军老战士顾鸿回忆说：“他做报告，他要你笑，个个捧腹大笑；他要你哭，人人都流泪，他就有这个本事”。

为发挥宣传品的作用，袁国平创办《抗敌报》、《抗敌》杂志和《抗敌画报》《老百姓画报》等，并抽时间审阅报刊清样。袁国平带头为报刊撰稿，多次发表关于政治工作的论述，指导部队开展政治工作。袁国平还把报刊作为与国民党顽固派作斗争的阵地，驳斥国民党顽固派对新四军的攻击诬蔑，指出反共分裂就是亲日投降。

指导战地文艺

新四军聚集了一大批音乐家、美术家、戏剧家，袁国平经常到战地服务团和教导总队的文化队、青年队、俱乐部指导工作，把战地文艺开展得红红火火。

1939 年 2 月 24 日，袁国平主持欢迎周恩来大会，会前有人提议何士德唱一支歌，何士德放声高唱《歌八百壮士》，紧接着陈毅又用法文唱了一首《马赛曲》。悠扬动听的歌声，深深打动了会场上的人。但不少人感到新四军人才济济，应该创作一首属于自己的军歌。

会后，新四军军部决定创作新四军军歌，并让袁国平主持这项工作。为集思广益，袁国平特让《抗敌报》和《抗敌》杂志刊登征稿启事。时任《抗敌报》副主编的马宁回忆说："来稿很多，可是一般都是标语口号式的，内容肤浅，不能用；我自己也从不曾写过歌词，也从不曾唱好一支歌，所以很是焦虑"。

其实当时也征集到不少好歌词，据孙琳回忆，"当时在教导总队任教的诗人杨采蘅等相继创作了一篇篇热情洋溢的歌词，反映我军北伐以来的光荣战史，讴歌我军为争取民族解放艰苦搏斗的英雄业绩"。

袁国平也在构思撰写。不久，袁国平收到陈毅的诗，召集朱克靖、朱镜我和黄诚，说陈毅同志的诗可否改成军歌。朱镜我感到此诗不好改为歌词，遂让马宁试着修改，马宁也感到此诗虽然"内容丰富，深入浅出"，"气势非凡"，但"改动一字都有困难"，不好改成军歌。

几天后，袁国平召集周子昆、李一氓、朱克靖、朱镜我、黄诚和马宁，再次讨论歌词改写的情况。袁国平说："陈毅同志的《十年》确实是一首很好的叙事诗，我建议在《抗敌》杂志上发表，军歌歌词就在我们已经征集到的歌词中选取。"经讨论，大家感到袁国平起草的歌词，内容更为深刻全面，同时也反映了《十年》的基本精神和主要内容，格式亦符合歌词的要求，修改后可印发部队征求意见。

《新四军军歌（未定稿）》歌词在印刷前，袁国平将"作词袁国平"改为"集体创作"，发表于《抗敌》杂志 1939 年 5 月 15 日出版的第三号。该刊同时发表了陈毅的《十年》，并特别注明："这原是陈毅同志为《新四军军歌》作的初稿，后来军歌，经过一次集体的改作，仅在第一节上还留下多少痕迹，但原作诗意洋溢改题《十年》，一并发表"。

《新四军军歌（未定稿）》发表后，袁国平又进一步推敲，连同标点符号，共修改 30 余处，如把"集体创作"改为"集体作词"，把"血染"改成“镌刻”，把“我们就是新四军”改为“我们是铁的新四军”。袁国平交代朱镜我，请何士德谱曲。

何士德很快谱出第一稿，袁国平和朱镜我听试唱后，认为第一稿曲调流畅，好听易上口，但兵味不足。袁国平提出：“现在这个曲子劲头还不足。抗战时期的新四军，军歌的曲调应高昂雄伟，要有一往直前的进军气魄。”袁国平还要求歌词第一段最后一句“东进，东进！我们是铁的新四军！”和第二段最后一句“前进，前进！我们是铁的新四军！”均应重复两次。

何士德很快谱出第二稿，但没有急着递交审查，而是先在文化队试唱。队员们感到这一稿雄壮、高昂、节奏鲜明，不足之处是新四军指战员大都出身工农，学唱难度较大。何士德再次作了较大修改，形成第三稿。此稿曲调雄壮有力，充满号召力和艺术感染力，曲与词的结合亦相当完美，词的意境得以充分展现。第一段结尾处连续3个“东进！东进！我们是铁的新四军！”第二段结尾处连续3个“前进！前进！我们是铁的新四军！”曲调

层次感鲜明，一次比一次高亢雄健，把《新四军军歌》推上高潮。

1988 年，已 88 岁高龄的何士德，在同当年文化队的新四军老战士谈话时，回忆了当年为军歌谱曲的情景："在军歌谱曲的过程中，对我有启发的主要是袁国平同志"。

1939 年 6 月 15 日，《抗敌》杂志第四号发表《新四军军歌》，署名集体作词、何士德作曲。7 月 1 日上午，何士德指挥文化队歌咏队试唱《新四军军歌》，最后一个音符刚结束，项英当即说"好！"袁国平郑重宣布："通过！"会场立即爆发热烈的掌声。这时，日军 10 多架飞机突然窜到云岭、中村一带上空，一阵狂轰滥炸。警报解除后，项英鼓励文化队要用革命的歌声激励士气，袁国平强调《新四军军歌》在战火中诞生，文化队要学好教好这首歌，向日寇讨还血债！随后，文化队带着满腔怒火再次高歌。

10 月 12 日，是新四军成立两周年纪念日。叶挺、项英、袁国平、邓子恢发布命令，正式公布《新四军军歌》，并在《抗敌报》上予以刊登。美国著名女作家、记者史沫特莱称新四军军歌为“时代的强音”，并将歌词翻译成英文，传到国外。临终前，史沫特莱嘱托朋友将她的歌词手稿等遗物，一起寄给了她曾采访过的朱德。

1949 年 9 月 27 日，中国人民政治协商会议将《义勇军进行曲》定为中华人民共和国代国歌，当即指定由上海的中国唱片公司录制唱片。开国大典前赶制的唱片很快报送北京，其一面是《中华人民共和国代国歌》，另一面即是《新四军军歌》，可见《新四军军歌》在当代革命歌曲中的地位是多么重要。

巧合的是，《义勇军进行曲》的词作者田汉，正是《新四军军歌》的主创者袁国平的恩师。袁国平报考黄埔军校后，师生俩再也没有见过面。24 年后，田汉和袁国平的作品随着那张唱片，在开国大典天安门广场响起，这是师生俩心灵默契的见证。

解放军总政治部称袁国平“积极组织《新四军军歌》的创作，突出了东进抗敌和向敌后发展的思想，加强了战斗气势，使之成为一首雄壮有力、脍炙人口的著名军歌”。袁国平等《新四军军歌》的创作者虽已离去，但歌声却始终响彻在中国大地！

作为田汉的学生，袁国平对艺术颇有研究。新四军抗敌剧社演出夏衍的四幕大剧《一年间》，宣教部长朱镜我主持召开座谈会，袁国平作总结讲话，就“我们现在的艺术观”“抗战需要什么样的艺术”“创作问题”“集体研究集体创作”发表自己的意见。这篇讲话以《抗战中的艺术观》为题，发表于1939年6月11日《文艺》杂志第3期。

此文的发表对新四军文艺的发展产生了深远影响，曾在战地服务团绘画组工作的沈柔坚回忆说：“袁国平同志曾作《抗战的艺术观》专题讲演数次，有见解、有资料，论证确切，很有说服力，当时听了很受启迪。”《抗敌》杂志编委黄源也回忆道，当时“在部队里开展文艺活动，看文艺书，是吃不开的”，“如何在部队里把文艺工作开展起来？彭柏山给我出主意，他对我说，用我的名义，在《抗敌报》上出文艺副刊。第一期登了袁国平的一个关于开展文艺工作的讲话，政治部主任一讲话，部队里的文艺工作、文化活动便成合法的了”。

侠骨柔情

袁国平平易近人，没有架子。1938 年年初，中国红十字会救护委员会运输股副主任乐时鸣从宁波到香港，为中国红十字会购买运输车。5 月，乐时鸣率车队到达徽州，其弟弟乐群“初生牛犊不怕虎”，不仅要求参加新四军，还大胆向袁国平提出想到延安深造，没想到袁国平很快批准。这件事给乐时鸣留下了深刻的印象，觉得袁国平很能了解体贴青年人。

不久，乐时鸣将两台运输车和一辆轿车送到新四军，并准备入伍，袁国平决定宴请乐时鸣。能够目睹袁国平的风采，这让乐时鸣喜出望外。饭后，乐时鸣请求在座的照个相，袁国平高兴地同意了，就在院子外摄了一张集体照。这张照片，乐时鸣一直珍藏在身边。

1938年5月，袁国平在大街上忽遇战地服务团的杨明，见杨明手臂缠着绷带，便详细询问了杨明的姓名以及受伤的情形。袁国平对杨明鼓励了一番后，掏笔写了张字条，让杨明赶快去非国民党嫡系部队第50军治疗。杨明当时不认识袁国平，接过字条才发现，眼前这位眉清目秀、戴着眼镜的干部，原来是大名鼎鼎的新四军政治部主任。杨明心头一热，手臂受伤期间能得到袁国平的关怀，真是意外收获。

由延安到新四军工作的顾鸿将军，对袁国平也是赞不绝口："我们到汉口时，发现伙食费被人拿走了，有人提出来要搜，但袁国平不同意。他说搜出来怎么办，人家以后怎么见人。于是，他在支部会上说：'拿钱不好，那是伙食费，自己放回去就算了，放在房间里的帽子里就行。'结果那人就把钱放回去了"。

顾鸿还回忆说："有时我们打他的'游击'，比如在他家看到纸烟、毛巾、本子，常常顺手就拿了。有时他也打我们的'游击'，袁主任就打过我的‘游击’。有一次，他留我吃饭，看到我有一支钢笔，可装很多墨水，他说看看，就把它拿走了，打了我的‘游击’。干部战士都服他、喜欢他。傅秋涛就服袁国平，袁主任怎么说，他就怎么做。”

袁国平吃穿用都和普通士兵一样，自己并不觉得有多苦，但对于一些在大城市生活惯了的知识分子来说，感觉的确比较艰苦。林植夫回忆说：“政治部的伙食特别坏，大家就咬紧牙龈不作声，有一个时期天天吃辣椒，宣教部的马宁是闽南人，不会吃辣椒，弄到没有办法，他跑去主任那里诉苦，于是袁国平下字条禁止吃辣椒”。

项英、袁国平每月只领 4 元津贴，但教导总队的教员却可以拿到 10 元、12 元、15 元不等。享受特殊津贴的甚至可以拿到 100 元，护士每月也是 30 元。陶白与妻子邓洁得知项英、袁国平等军领导每月津贴比他们还少，有点气不顺，陶白找到袁国平，把两块银元往桌子上一放，说自己是来抗日救国的，不是来拿高薪的。

袁国平摘下眼镜，饶有兴味地看着这个来自江南水乡的知识分子，笑了笑开口道：“这个呢，是我们党、我们新四军的政策，不是给哪一个人的，我们要让大家都知道，我们新四军是尊重知识分子的，是爱护知识分子的，我们要吸引更多的有文化的人参加到我们的抗日队伍中来。”在陶白夫妇的心目中，才华横溢的袁国平不仅仅是领导，也是老师，是兄长，是人生路上的楷模。

对个别知识分子的特殊情况，袁国平也尽可能予以照顾。新四军官兵语言比较复杂，而新四军又没有汉字拉丁化专家，袁国平便电请周恩来派干部到皖南。重庆的聂绀弩到新四军后，感到每月的生活津贴费虽然按皖南的物价看数目不算小，但他在重庆的妻子不可能到皖南买便宜货。马宁将聂绀弩的想法向袁国平报告后，袁国平批准每月给聂绀弩的妻子发 30 元生活补贴。

袁国平对干部的婚恋问题很关心，陈毅与张茜从相识到相爱，就是由袁国平和邱一涵撮合成的。对于夫妻分居两地的干部，袁国平也会尽可能安排他们在一起工作。第 2 团参谋长段焕竞的夫人发姑在湘赣边一带工作，袁国平就把发姑调到东南局工作。

袁国平对女干部、女战士也非常关心，1940年三八妇女节前后，军部举办隆重的纪念活动，袁国平在报纸上发表《新四军的女兵——为纪念三八节而作》，称赞女兵们“是全民族中优秀的女孩们，来自东西南北，在为民族为社会也是为妇女解放的共同目标下汇集于众望所归、光明所在的新四军”。

身无分文的殉道者

袁国平作为共产党和新四军的高级干部，不仅关心朝夕相处的战友，同样深爱自己的母亲、妻子和家人，袁国平和邱一涵被新四军军部和直属部队评为“模范夫妻”。

袁国平字醉涵也许是历史的巧合，“醉涵”确有“为邱一涵而陶醉”之意。袁国平曾为邱一涵作诗二首，第一首作于延安：“十年征尘感系多，问君何事费蹉跎？愿将头颅抛原野，不随池流逐浊波。”第二首作于1938年：“不是甜的蜜，不是香的花，好比茅台酒，淳芳与日加。”

尽管袁国平深爱自己的妻子，但却对邱一涵严格要求。1939 年春，邱一涵已怀孕七八个月，却步行到十几里外的新四军军部开会。罗炳辉的夫人张明秀看到后，对袁国平说：“你的马为什么不能给她骑？”袁国平回答说：“马不是配给她的。”接着又说：“腐败往往就是从公私不分开始的，从占公家便宜开始的”。

袁国平和邱一涵为了革命事业，作出了巨大牺牲。他们的儿子袁振威后来回忆说：“提起我的童年和少年时代，确实是痛苦的回忆。我 1939 年 5 月出生在皖南中村，小名浣郎。父母忙于抗日工作，我落地后 8 个月，就被送回了湖南老家。这时，早在长征前就被送到外婆家的大姐，13 岁时给人做了童养媳；送回奶奶家的二姐，已夭折；我则一度牵着双目失明的奶奶讨饭度日。”

自古忠孝难两全。袁国平离开家乡后，回家省亲只有三四次，每次都过一两天就走。但袁国平却常常挤出时间，给长兄袁醉如和侄子袁振鹏等写信，以此来表达自己的思念之情和为国家为民族献身的决心。

1938年7月29日，袁国平写信给袁醉如："本军在江南环境甚好，群众热忱拥护，发展前途甚大，一切请勿念！""国事如此，愿以最后一滴血贡献于国家民族"，但"家事更不能不仰仗吾兄独立支持，知我如兄，当不见责也"，"母亲我很挂念，不过有兄奉养亦甚放心，请劝她不要挂念我们，很好的愉快的生活下去，在我只能报效于国家民族，事实不能不放弃欢膝之责了"。

1939年2月19日，袁国平又给袁醉如写信，对不能给家庭以资助感到内疚："家中常通讯，惟此间经济困难异常，对家中仍无法在物质上有所帮助，殊为抱歉。中国正处在伟大的转变时期，最近的数年将决定民族的生死存亡，家中如能勉强从俭约中度过此困难时期，即是万幸，殊不必为个人与家庭将来之温饱计也"。

1939年年初，袁国平再次给袁醉如写信："本来我想回家走一趟的，因为职务的关系不能如愿。"约4月下旬，袁国平给侄子袁振鹏写信："此刻我身无分文，无法帮助家里。因为我们都是以殉道者的精神为革命、为国家民族服务的。或许有人要说我们是太不聪明了，然而世界上应该有一些像我们这样不聪明的人。请家里不要想将来的生活怎么办，因为中国在大的变动之中。中国抗战成功了，不愁无饭吃；抗战不幸失败，则大家都当亡国奴。所以我希望家里能想得远大些，能够原谅我”。

当时袁国平家人的生活实在困难，据袁国平的侄女袁素民回忆：“没有大米，靠吃红薯充饥。没有油，只好用水煮点辣椒下饭。他母亲年迈体弱，很难咽下。但是，她爱抚自己的儿子，体谅自己的儿子，从不让家人写信告诉袁国平”。

1940 年 2 月，袁国平在给袁醉如的信中写道：“弟置身政治斗争之中，一切贡献革命，对家事实不能不作最大之牺牲，望兄曲予宥谅，以成全弟之素志，非弟愿作忍人，实有不得已之苦衷，明达如兄，知我如兄，定能体谅下情。”

六七月间，袁国平给袁醉如的信中，特提及对袁振鹏之关心：“弟处正筹办大学，振鹏初中毕业后拟令来弟处就学，以便亲加培养，不知你意如何？”10 月 18 日、10 月 25 日，又接连给袁醉如写了两封信："振鹏处我亦常以专攻科学、文学与锻炼身体、修养品格为勉励，如环境过于恶劣，则尽可来我处求学。""振鹏、梅侄来我处均有办法，此间照收，外间男女青年均多，惟目前环境尚不适宜，一俟国内局势好转，当欢迎他们来此，嫂嫂是否赞成，则尚值得商量"。

拥护中央"五四指示"

1939年11月，国民党提出以军事限共为主、政治限共为辅的反共方针，掀起第一次反共高潮。12月，袁国平以《论合法与不合法》为题，列举顽固派如何用"合法"的护符来任意加害别人以"不合法"罪名的种种表现，抨击国民党反共势力打着"合法"的幌子，干着"不合法"勾当的罪恶阴谋，对反共势力进行了无情的揭露和批判。袁国平接着又发表《为创造铁的新四军而奋斗》等文章，呼吁人们"团结下去、抗战下去中国必胜！分裂下去、妥协下去中国必亡！”

1939 年 12 月 26 日，中共中央在对时局的指示中强调：顾祝同、韩德勤在冬季反攻名义下，从江南、江北两面包围新四军，各地必须在一切地方准备对付突然事变。1940 年 1 月，项英主持召开东南局和军分会联席会议，除在新四军军部的袁国平等人外，陈毅、谭震林、傅秋涛等亦参加。1 月 14 日，项英在向中央军委的报告中认为：“南方在事变时，应有一支军队坚持作核心，来团结与领导南方各省武装与群众的斗争。”“皖南与江南组成两个独立作战单位，在不影响争取苏北条件下，由江南加强皖南力量”。“加强江西及闽西南原游击区之武装组织，以便在事变发生时，发动游击战配合联系。”

中央书记处接到项英的报告后，于 1 月 19 日复电指示项英：“新四军向北发展的方针，六中全会早已共同确定，后来周恩来到新四军时，又商得‘向南巩固，向东作战，向北发展’的一致意见。华中是我们目前在全国最好发展的区域，在华中可以发展（彭雪枫部由 3 个连发展到 12 个团，李先念部几百人发展到 9000 人），而大江以南新四军受到友军 10 余师的威胁和限制的时候，我们曾主张从江南再调一个到两个团来江北，以便大大的发展华中力量”。

由此可见，项英在新四军发展方向问题上，与中共中央的意见并不一致。经陈毅再三动员，项英答应军部和皖南主力可以东移。但随着国民党第一次反共高潮被打退，项英对军部东移江南的决心又动摇起来。3 月，项英派袁国平到江南，向陈毅解释军部不移江南的原因。

袁国平到达水西村新四军江南指挥部后，向陈毅解释了军部的看法与延安不同。陈毅听后不觉发起脾气：我是东南局委员、新四军军分会副书记，这么重要的事情都不告诉我。陈毅要求江南指挥部的电台要和中央直接联系，袁国平个人表示同意。

4 月 21 日，陈毅、粟裕、罗忠毅、邓振询致电中共中央，建议皖南部队东移苏南，指出“苏南为解决人、枪、款良好地区”，“应先放弃皖南，集中全力发展苏南，直到海边。”中央书记处 4 月

26日致电项英、陈毅并刘少奇，指出“陈毅同志对苏南的新布置是对的，望坚决执行。”“皖南军部以速移苏南为宜”。

袁国平在水西住了近1个月，抽时间到准备第二次“东进”的新四军挺进纵队第2团检查指导工作，突然接到电报，要他回皖南新四军军部。在此前后，蒋介石命令所有的新四军江北部队一律开赴江南之南京、芜湖一带作战，企图隔断新四军与八路军的战略联系。

项英决定由袁国平出面与第三战区谈判。4月16日，项英致电中共中央：“我主张将近调江北之叶、张两团全部急返江南，以应大事变。”中央军委同日即指示项英：“叶飞部队不应南调，应配合八路军在苏北发展。”4月26日，中共中央再次指示：“皖南军部以速移苏南为宜”。4月28日，陈毅向中共中央建议皖南军部东移苏南，“控制主力在手以应付事变”是“比较稳当的政策”。

5月4日，毛泽东亲自起草中共中央对东南局及新四军的指示，明确提出：“对于反共顽固派的一切反动的法律、命令、宣传、批评，我们应提出针锋相对的办法和他们作坚决的斗争。”“在应付可能的全国性的突然事变的问题上，也只有采取斗争的方针，才能使全党在精神上有所准备，在工作上有所布置。否则，就将再犯1927年的错误。”这便是著名的“五四指示”。

5月12日，东南局、军分会召开联席会议，由袁国平传达“五四指示”，项英在当日向中共中央的电报中说：“曾和袁等对中央指示之方针与路线以及各种策略均完全同意，并无异议”。5月28日，项英、袁国平联名致电中共中央：“我们的意见仍以东移至郎溪区域与苏南打成一片为宜”。5月29日，项英致电中共中央：“军部先率两个团移苏南，直属队陆续移”。

可惜的是，就在5月29日这天，袁国平动身到重庆接叶挺回军部。6月4日，陈毅致电中共中央书记处：“项对军部东移仍未积极布置，请中央再电促其东移。”6月12日，项英致电中共中央：“军部移动已停滞”。最终，皖南军部东移计划未能实现，这就为皖南事变的发生埋下伏笔，真是令人痛心！

袁国平由皖南起程，先回湖南老家省亲，后辗转飞抵重庆，向中共中央南方局汇报工作，听取周恩来对新四军工作的指示。7 月 9 日，袁国平与叶挺和夫人、经济学家钱俊瑞、音乐家任光等人离开重庆，当月底回到皖南。

亲临最前线指挥作战

1940 年 9 月，日军调集万余兵力，大举“扫荡”皖南。叶挺、项英决心以第 3 支队率第 5 团，在铜陵、繁昌一带打击日军，其余部队在繁昌、南陵、泾县地区与日军周旋，袁国平坐镇第 3 支队。

林植夫向袁国平汇报说，他想到第 3 支队第 3 团和第 5 团搞对敌工作教育。袁国平要林植夫等两天一块走，说：“现在友军在向我们搞摩擦，我们的传令兵甚至常被他们扣留，你这样轻便行军恐怕要吃亏。你与我一块走，我们可以带政治部的一个特务排同行，各友军就不敢乱来”。

袁国平与林植夫到达第5团的当晚，立即召集第3支队司令员张正坤、政治部主任胡荣等开会。会开到一半，作战参谋报告说，日伪军已开始大举进攻，第3支队司令部也是日伪军进攻的目标。袁国平简短地布置任务，会议便告结束。

半夜时分，胡荣向袁国平报告说："敌军已出动在半途了"。袁国平、张正坤、胡荣、林植夫立即往政治部背后的张家大山赶。摸到半山腰停下来一看，离第3支队司令部宿营地不远，日伪军闪闪的火光已清晰可见，紧接着日伪军便开始打炮。袁国平继续率领部队往山上爬，天亮时刚好赶到山顶。此时，第3支队已放弃一河之隔的司令部和政治部宿营地，全部退守张家大山，一个连的兵力守着半山腰。

日伪军到司令部扑了空，又过桥杀到政治部，仍一无所获，便向张家大山进攻。袁国平命令部队还击，日伪军进攻受阻，改用大炮往山上打，新四军用机枪往山下扫射。待日伪军爬到新四军的阵地时，战士们用手榴弹把日伪军杀了回去，双方相持不下。第3支队指挥所设在张家大山背后山坳里的一片竹林中，袁国平察看了周围的地形，让张正坤留一个学兵连在指挥所附近作预备队。一大早，张家大山底下火光冲天，爆炸声响成一片。

战斗一直持续到午间，忽然川军派来一个副官同袁国平联络，请求新四军与他们一起打击日伪军，原来川军也遭到日伪军的袭击。袁国平征求张正坤的意见，张正坤说恰好有一个连正驻扎在川军附近，袁国平让张正坤派一个参谋与川军联络，并命令这个连队配合川军作战。联络员走后，袁国平与张正坤、胡荣、林植夫研究了一番，决定亲自指挥 1 个营乘夜抄袭日军后方。为便于作战，袁国平命令非战斗人员带大件行李全部撤往军部。

恰在这时，一颗炮弹打到山顶，此炮是名副其实的过山炮，威力相当厉害，所幸打得不准，炮弹爆炸的地方离指挥所很远。但到了午后，日军的飞机又来投弹，袁国平看见有一架飞机在头顶上盘旋之后正向指挥所俯冲，顿感不妙，命令指挥所人员立即趴伏在地面上，一发炸弹差一点炸中指挥所。

林植夫回忆说：“只听见呜一声响之后，发出极响的轰轰声，自以为这一下完了，心思要炸就炸中头部，千万不要炸中别处，以免活受罪才好……再过一刻，才知道在我们头顶上的学兵连给炸伤了两个人，跑去一看，一个把腿炸断一条，另一个腹部炸伤，赶紧抬到随军军医那里加以临时治疗后，而又抬到后方去（这两个人后来都为国牺牲了）”。

日军飞机飞走后，袁国平带领大家翻下张家大山，到了山脚，天色已黑，但月色如昼，毫不妨碍军事行动。袁国平见部队已开到，还多出一连的民众抗日武装，甚为高兴。袁国平一问，才知道这些民众抗日武装一知道消息，就要求与新四军一道打日本鬼子，他们是自动加入的。

袁国平率领这支队伍离开张家大山，穿过三条冲，忽然在龙潭萧遭遇日军伏击。又是一次险情！日军原打算翻过水龙山后，再包抄张家大山，从第 3 支队指挥所的背后摸上去，幸亏袁国平率部早走了一步，不然后果不堪设想。情况紧急，袁国平决定分路突围。冲出重围后，袁国平所带的卫士排只剩下不到10条枪，其他部队也受到一些损失。第3支队从10月5日起，与日军游击周旋，伺机突袭，并在铜陵东北下河镇等地展开激战，日军遭重创后回撤。

此次皖南反“扫荡”历时7天，共歼日伪军近3000人。10月18日，袁国平在给袁醉如的信中有所提及：“皖南今年四月与十月，敌人曾以流窜式的‘扫荡’战术，向我大举进攻两次”，“十月敌以三个联队向泾南繁宣地域‘扫荡’，基本队伍九千多，被我诱至于汀潭（距军部仅数里）左坑地域聚歼千余，激战两昼夜，击溃，向泾县穷追百余里，三捷收复泾县，为东战场猛打猛攻猛追之空前的胜利战役，曾获广大人民之拥护。众誉军部驻地为‘铁打的云岭’。”

10月25日，袁国平再次给袁醉如写信，谈到此次反“扫荡”作战：“本月初敌‘扫荡’皖南，逼近军部，经三日之血战，将敌大部击溃，穷追百里之外，三捷收复泾县，使敌人遭受重大之痛创。我军亦伤亡数百，弟亦亲临最前线。在敌机四十架狂炸之下，幸托庇安全无恙”。

北移前的准备

1940年10月19日，蒋介石指使何应钦、白崇禧致电朱德、彭德怀和叶挺，强令黄河以南八路军、新四军在1个月内全部开到黄河以北，这就是臭名昭著的“皓电”。11月9日，中共中央以朱德、彭德怀、叶挺、项英的名义，发出致何应钦、白崇禧的复电即“佳电”，拒绝其无理要求，但为顾全大局，答应皖南部队仍遵照国民党当局的命令北移长江以北。

形势日趋紧张。袁国平在新四军北移和此前东移的问题上，与项英有矛盾和冲突。时任袁国平秘书的汪海粟回忆道：“袁国平对进军敌后，建立抗日民主根据地，放手扩大军队……态度一直是明朗的，积极的。每次传达中央这些指示，包括‘五四指示’，都做了认真的准备，短短的电文，他每次讲三四小时，尽情地发挥。”“1940年三四月间、九十月间，中央催促东移，袁都兴高采烈地向营以上或连以上干部作动员报告。项英采取拖的方针，坚持原地不走，袁感到苦恼，情绪低落，以后感到无法向下面交代，只好做‘走、拖、打（准备敌人进攻）’三种准备的报告。一次我随他到会场去，一里多路，他垂着头足足走了一个钟头，苦不堪言”。

汪海粟还回忆说：“全军都做好了准备，项还是拖着迟迟不走，袁显得异常焦急。那段时间里，军分会或军分会、东南局联席会议，不止开过一次。因为朱镜我也去参加（朱兼东南局宣传部长），一次，朱吃醉了酒回来，口口声声谈‘我只相信毛泽东’……我本想让他多讲一点，可是有些人其中有黄诚拉拉扯扯把他送去睡了。可见会上争论是激烈的”。“袁是有弱点的，就是不敢公开同项斗争。但是只要有可能，他还是尽力做一些该做而项不愿意做的事，如利用组织江南慰问团的机会，输送了一批中层干部给江南指挥部。”

汪海粟是袁国平的老部下，对袁国平应该非常了解。这段回忆道出了袁国平对中共中央指示、包括对新四军北移指示的鲜明态度，同时也道出了袁国平作为新四军政治部主任的苦衷和无奈。

关于袁国平对撤离皖南、奔赴苏北的态度，除汪海粟外，还有一些新四军老战士有清晰的记忆。吴友廉在《回忆我的一生》中，较详细地叙述了袁国平作动员报告时的感人话语："新四军要发展壮大，必须打破国民党反共顽固派的禁锢，深入华中敌后广大地区抗击倭寇。我们新四军好比一条龙，军部是龙头，部队是龙身，敌后战场是大海。目前龙的身体已经下到大海里了，而龙头却还在岸上，活动受到了限制。现在我们的龙头也要下海了。龙头一旦入海，新四军这条龙将在大海里无拘无束、自由翻腾、伸开手脚、大展宏图！"

"佳电"发表后，新四军军部就着手进行北移的准备工作。袁国平用了一天一晚的时间，写了一篇洋洋洒洒五六千字的动员提纲，题为《向敌后进军宣传鼓动大纲》，大纲的最后是一首鼓动性很强的自由诗："前进号响了，大家准备好，子弹要随时准备上膛，刺刀要随时准备出鞘。别了，三年的皖南！目标，向敌后抗战的大道。顽固派滚开，投降派打倒，日本鬼子碰到了，打完子弹拼刺刀。不怕山又高，不怕路又遥，山高总没有雪山高，路遥总不比长征遥，敌后进军胜利了，自由的中国在明朝。”

这首诗有令人振作的大气魄，鼓动力极强，无须改动，就是一首好歌词。毛中玉按此一字不动地谱写了一曲，题为《别了，三年的皖南》，以有别于任光所谱的那一首。许多人只会唱毛中玉谱的这一首，因为它诞生在任光谱写的那一首之前。

随后，这首诗经袁国平进一步推敲修改，定名为《别了，皖南》，并由任光谱曲，其歌词变为："前进号响，大家准备好！子弹上膛，刺刀出鞘！三年的皖南，别了！目标：扬子江头，黄河新道。哪个来拦路，哪个被打倒！冲过重重叠叠的封锁，穿进日本鬼子的窝巢。我们一定胜利！我们一定达到目标！"

此歌发到连队，立即漫山遍野唱起来，使当年亲身经历过皖南事变的干部战士终生难忘。当袁国平、任光、毛中玉激情满怀地写下告别皖南的壮歌时，他们绝不会想到，这首《新四军东进曲》竟成了他们生命的绝唱！

以袁国平撰写的《向敌后进军宣传鼓动大纲》为主要内容的宣传教育搞得十分出色，皖南部队北移前夕，歌声嘹亮，豪情满怀。袁国平在一座草盖的大棚下，主持召开政治工作会议，在听取各部队向敌后进军动员教育的思想动态汇报后，特别强调："这次进军不是旅行行军，而是战备行军。三战区为什么要从浙江调兵来？仗可能是要打的。原来准备在皖南打，看我们在皖南工事修得好，不敢动手。有没有可能在路上打？我们要有准备。"

然而国民党顽固派却到处煽风点火，威胁说凡新四军家属，只等新四军离开皖南，即格杀勿论。袁国平创作了一首《告别皖南同胞》歌，其歌词是："寄语皖南老百姓，我军走了情形变，一切言行要小心；顽固分子也来听，倘若对我有成见，切莫戕害老百姓！"

12月4日，袁国平在排以上干部大会上，作撤离皖南的动员报告："列宁写过一本很有名的著作，叫《进一步，退两步》，现在可以把这本书名颠倒一下借用来打个比喻，这次中央决定撤出皖南，采取的就是退一步、进两步的策略。新四军撤离皖南，这是退一步，这样就有利于团结中间势力，孤立反共顽固派，这是进一步。我们的部队10月间在苏北反摩擦作战中打了大胜仗，部队要扩大，新区要开辟，群众要我们去组织和发动，走这一步是为了获取更大的胜利，这就又进了一步。”与会者越听越有劲，恨不得马上插翅飞往苏北，一开始有些沉闷的气氛顿时烟消云散。

12月底，邱一涵经宁波到达上海，让袁国平与邱一涵万万没有想到的是，这一别，竟然是夫妻二人的永别！

踏上北移征程

1941年1月4日晚，新四军军部及所属皖南部队共9000余人，冒着蒙蒙细雨，顶着凛冽的寒风，怀着依依惜别之情，在《别了，皖南》的悲壮歌声中，踏上了北移的征程。第一天行动就很不顺利，由于道路泥泞，天地漆黑，浮桥断裂，大部分干部战士在冰冻刺骨的水中徒涉渡过青弋江。

1月6日下午，新四军警戒分队与国民党军搜索队遭遇交火，叶挺、项英在茂林南面的潘村潘家祠堂召集各纵队领导人开会，叶挺估计顽军正在包围新四军，主张往回打，迅速从南陵、宣城方向冲出去，而项英、袁国平、周子昆则坚持走茂林、出三溪，经旌德、宁国到苏南，然后待机渡江到苏北。

1月7日拂晓，当各路纵队分别通过指定山岭时，即遭顽军阻击，一场阋墙血战就此展开。由于顽军层层阻拦，3个纵队预定1月7日中午前会集星潭的计划未能实现。15时许，项英在百户坑主持召开军分会扩大会议，出现了几种意见。

第一种意见是叶挺提出的，说星潭是通向旌德的必经之路，主张不惜牺牲，坚决从星潭打出去。但项英不同意叶挺的意见，认为硬攻牺牲太大；如果星潭打不下来，那就更加困难；即使攻下星潭，也难继续突破国民党军第 40 师的拦阻。

第二种意见也是叶挺提出的，建议翻过百户坑右侧山梁，由另一坑口打出去，但这一路有没有顽军封锁不清楚，不侦察又不能贸然行动，此方案遂被取消。

第三种意见还是叶挺提出的，此时已是傍晚。叶挺说既然不能正面突破，应立即改道，沿顽军力量薄弱的太平、洋溪、石埭方向突围，以图生存，避免被围困。

据李一氓 1941 年 3 月 20 日致中共中央书记处并周恩来的电报称，袁国平认为叶挺提出的这个方案“可以考虑”，但项英认为向国民党统治区行动，不符合中央的战略部署，在政治上说不过去。叶挺称此时求生存第一，政治上说得过去与否是其次。由于项英不同意，这个方案也被取消。

由于项英举棋不定，致使会议迟迟形不成决定，快到 22 时了，叶挺实在忍耐不住了，有些气愤地说：“时间就是胜利，不能够再犹豫不决了，我的态度是，错误的决定我也服从。现在就请项副军长决定吧！”

这时，周子昆提出第四个方案：早上特务团通过高岭时，没有遇到国民党军队，我们可退回里潭仓，出高岭，到太平，转入黄山，再伺机东进。项英当即同意，决定24时开始沿原路折回，经高岭向太平方向突围。

1月8日午后，军部误走到濂岭时，发现特务团正与顽军激战，便改向高岭前进，但高岭方向亦发生战斗。下午4时半，项英主持召开军委新四军分会，心情沉重地说："现在只有一条出路，就是往回冲，冲不出去就打游击。"会议决定下一步的行动方针：不惜牺牲，向茂林打出一条出路，以游击战争保存主力赴苏北。

当晚9时，新四军电台截获了这两份电报，顾祝同致电上官云相，限定12小时内一鼓作气，聚歼新四军。晚11时，上官云相电令左、右翼军，9日拂晓全线总攻。为此，新四军领导人在里潭仓召开紧急会议，决定立即集合部队攻占茂林，向北进军，从铜陵、繁昌间渡江到无为。叶挺在高坦西头的徐家祠堂设立了临时指挥所。

1月9日凌晨，军部作战参谋叶超由里潭仓

赶到高坦，此时北风紧刮，下着大雨，伸手不见五指，茂林方向枪声密集。项英、袁国平、周子昆站立在离徐家祠堂不到 100 米的大路旁，此时，叶挺的指挥部设在祠堂里面，项英命令随行的叶超去叶挺的指挥部找叶挺过来研究突围方向。叶超见到叶挺后，遂立即汇报了后续部队开进的情况，想听听他们对今后作战方案有什么指示，周子昆即叫他请叶挺军长来。叶超跑到汪家祠堂，见叶挺正在祠堂里与大家一起烤火。

1981 年在皖南事变 40 周年纪念会上，叶超在发言时说：我看到叶挺军长脸色难看，什么都没敢说，也跟着坐下来烤火。过了好大一阵子，才以建议的口吻说，是不是跟项副军长他们再研究一下？叶挺说还有什么好研究的！我看到叶军长一脸怒火就没敢再讲下去，然后说，那我就到外面看一下，有情况再向军长报告，就借口回到项英等人说话的路边。此时，项、袁、周等人已经不在那里了。叶超又回到叶挺处，告知未找到项、袁、周等情况。军长嗯了一声，意思似乎是说我知道了。

再说周子昆要叶超到徐家祠堂去找叶挺后，

他们在路边等了一会儿，不见叶挺前来。据周子昆的警卫员黄诚回忆：“叶超去了好久都没有见他的影子，大家都穿得很单薄，在西北风中淋着雨，冷得发抖，但实在太累了，我就坐在旁边打瞌睡。此时，四处都能听到枪声，突然附近落下炮弹，大家赶快往树丛中钻，摸着黑往前走。”项英、袁国平、周子昆走到一个较高的地方，发现山洼里有间破瓦房，里面没有老百姓，天色已晚，便进去休息，在里面谈论了两三个小时。

1 月 9 日天明以后，叶挺离开祠堂到前沿阵地视察一番后，让作战科长李志高把项英、袁国平、周子昆 3 人找来，商量如何攻下茂林。一会儿，电台台长曹丹辉带着收发报机来了，说项英等 3 人一个也未找到。

1 月 10 日凌晨，天已麻麻亮，项英等人忽然听见山下村子里的号声。周子昆侧耳听了听，高兴地说：“下面是我们的人在吹号，调 5 团 1 营 1 连。我们下山赶部队去吧！”项英说：“好呀！下去吧！”就这样，他们跟着 5 团于 1 月 10 日上午到达石井坑。

项英、袁国平、周子昆回来后，饶漱石提出召开军分会扩大会，团以上干部均参加。饶漱石把中央关于军事上由叶挺负责、政治上由饶漱石负责的电报给项英看了。项英对此同意将他的职务交给饶漱石负责，仅愿保留一个对外的政治委员的名义。袁国平、周子昆也表示赞成。

1月11日上午，袁国平回到政治部，对秘书汪海粟说："敌人计划13日发动总攻，你赶快写粉碎敌人总攻击的口号。"1月12日下午，袁国平让政治部的干部分头下到部队，还准备亲自去第5团部署突围。部队一直支持到当日下午6点，顽军又开始进攻，子弹就从他们身边和头上飞过。

永远地生存着

1941年1月12日下午，毛泽东、朱德、王稼祥联名发出新四军应速谋突围的明确指示："你们当前情况是否许可突围，如有可能，似以突围出去分批东进或北进（指定目标，分作几个支队分道前进，不限时间，以保存实力，达到任务为原则）为有利，望考虑决定为盼”。黄昏时刻，叶挺见局势无法挽回，决定分散突围。午夜时分，突围大血战开始。袁国平带着警卫员，向大康王方向冲去。

1 月 13 日 1 时左右，军部领导人离开石井坑，分两路分散突围。袁国平随着突围的部队，在翻越海拔 800 多米高的陡峭的火云尖后，来到西坑的山谷中，又遭到顽军重重包围，袁国平此时已经作了最坏的打算。据黄源回忆，1 月 13 日凌晨，黄源侧身看到右边山坡上正坐着项英、袁国平、周子昆、李一氓等，“只见袁国平叫他的警卫员把另一支快机交给他自己使用”。

这天晚上，袁国平遇到了教导总队的陶白，望着这些学员，虽已被围却士气不减，不禁激动起来：“你们是即将奔赴抗日前线的革命火种，肩负着民族救亡的重任，一定要冲出敌人的包围圈，只要火种在，中国就不会灭亡，革命就有希望！”袁国平抑扬顿挫的湖南口音还像平时作报告那样充满激情和感召力:“有的同志会在突围中牺牲，活着的人不要忘记他们，要把他们身上的担子接过来，抗战到底!”

1月14日下午，叶挺前往国民党军第108师谈判时被扣押。当晚，顽军向西坑发起总攻。袁国平带着工兵连及其他部队的战士向石井坑东流山方向突围时负伤，被卫士连的战士及警卫员刘复生救下。但顽军很快又攻了上来，他们当即被冲散，袁国平跌落在靠路边的树丛中。

不久，军部卫士连副连长李甫带着上百人，路过周家大山的山谷，发现了身负重伤、血肉模糊的袁国平。大家立即围了上去，连声喊:“袁主任!袁主任!”袁国平慢慢地睁开眼睛:“你们走你们的，赶快突围出去，不要管我了。”李甫仔细察看袁国平的伤势，只见袁国平左肩胛骨、右腿等4处受伤，无法行走，而当时又找不到担架，就让身强力壮的战士轮流背着袁国平，在黑暗中摸索着向章家渡方向前进。李甫和战友们边打边走，艰难地跑了一夜，终于跑完约20公里的路程，在黎明前赶到了青弋江南岸江边的章家渡。一路上，袁国平咬紧牙关，强忍剧痛不出声。

1月15日黎明，战士们背着、抬着、顶着袁国平过青弋江的情景惊险动人。章家渡附近的江面二三百米宽，水深及胸，没有渡船。当战士们带着袁国平过江时，被对岸堵截的顽军发现，密集的子弹向他们射来。他们一面组织火力还击，一面迅速强渡。开始下水时，由战士背着袁国平蹚水；当水深至臀部时，就由几个战士抬着袁国平蹚水；当水深齐胸时，就由几个战士用头顶着、用手扶着袁国平。其间，抬袁国平的战士先后中弹负伤或牺牲，袁国平几次掉进江里，其他战士赶快将袁国平从江水中捞出，又用头顶着、用手扶着袁国平继续前进。

李甫和战友们前仆后继，用了约40分钟时间，艰难地将袁国平渡到江北岸，在一个庙门口前稍歇停留。这支上百人的队伍，过江后只剩下三四十人了。此时的袁国平极度虚弱，李甫他们呼喊着："袁主任！袁主任！"袁国平极力挣扎，用微弱的声音讲了他生命的最后几句话："你们走你们的……赶快突围，不要……管……我了，向……

组织上……替我……汇……报！”并将随身携带的笔记本和7块大洋交给李甫，指着大洋说：“这是党费。”大家听了袁国平这几句话难过极了，热泪止不住地往下流。

就在这时，袁国平趁李甫他们没注意，从口袋里摸出勃朗宁手枪，向自己的头部扣响了扳机……就这样，年仅35岁的袁国平，为了不拖累一起突围的战友，誓死不当俘虏，践行了他在北移动员时发出的“如果我们有一百发子弹，要用九十九发射向敌人，最后一发留给自己，决不做俘虏”的誓言。

突如其来的意外，使李甫他们十分震惊，围在袁国平周围失声痛哭。李甫他们把袁国平的遗体简单地遮盖一下，脱帽肃立片刻，在离庙100多米远的一个小村里找到3个老乡，托付他们料理掩埋袁国平的遗体。李甫怀着悲痛和愤怒的心情，带着剩下的战友继续踏上突围的征程。因情况紧急，3个老乡未来得及完成李甫的委托，后来被突围路过此地的军部参谋刘奎发现，刘奎与当地老乡及随行的战士一起掩埋袁国平的遗体，并用刺刀在

砖头上刻了“袁国平”3 个字，放在袁国平上衣口袋里做记号，以便以后寻找。

李甫和战友们离开章家渡后，历经艰险，终于渡过长江，找到新四军第 7 师政治委员曾希圣，汇报了袁国平壮烈牺牲的经过，并把袁国平的手枪等物品交给曾希圣。

05 尾声

新中国成立后不久，袁国平的夫人邱一涵和项英、周子昆的亲属分别向组织反映，要求寻找烈士遗骸，正式予以安葬。1952年8月28日，3位烈士的遗骸由安徽省泾县运到南京，墓地选在南京雨花台西南两公里左右的花神庙望江矶一块丘陵荒山。

1955年6月19日上午，袁国平的老战友唐亮、陈伯钧、钟期光、宋时轮、郭化若、聂凤智、张震、姚喆及江苏省委第一书记江渭清、省长惠浴宇，还有袁国平的夫人邱一涵等400多人，参加了隆重的安葬仪式，南京军区政治委员唐亮致悼词。从此，在皖南事变中牺牲的3位新四军将领的忠魂长眠于此。

一年多以后的1956年11月2日，年仅49

岁的邱一涵因癌症复发，医治无效，在南京逝世。安葬那天，江渭清、惠浴宇以及宋时轮、唐亮、钟期光 3 位上将为邱一涵扶灵，余立金、郭化若、张震、姚喆中将等 10 多名开国将军和数百人的队伍为邱一涵送行，不久即与袁国平合葬。

2010 年 11 月 30 日，《人民日报》《解放军报》以解放军总政治部名义，发表《纪念袁国平烈士》一文，称“袁国平同志是久经考验的忠诚的共产主义战士，杰出的无产阶级革命家，中国工农红军和新四军的高级指挥员、卓越的政治工作领导者。他在短暂而光辉的一生里，为中国共产党领导的革命事业和人民军队的成长壮大建立了卓著功勋，为我军政治工作建设作出了不可磨灭的贡献”。

著名作家臧克家在《有的人——纪念鲁迅有感》一诗中写道：“有的人活着，他已经死了；有的人死了，他还活着。”要知道，一个真正的战士，是不会死的。回头再看看袁国平烈士是如何对待生死的吧。1938 年 10 月 19 日，袁国平在《纪念鲁迅先生的感想》一文中写道：“鲁迅先生死了，然而全中国四万（万）五千万人民正在继承着鲁迅先生的战斗精神，为中国独立自由幸福而战，为保卫世界真理文明而战，为反对人类公敌日本法西斯强盗而战！”“所以鲁迅先生并没有死，他在中国民族革命精神中生存着，他在人类真理中生存着。永远、永远地生存着！”

真是文如其人！这何尝不是袁国平对自己的评说呢？长眠在雨花台的袁国平烈士，正与鲁迅先生一样，将“永远地生存着”！

后　记

作者曾是《雨花台烈士传丛书·袁国平传》的撰稿人，也是人民出版社即将出版的《袁国平传》的作者。为撰写这两部书稿，作者收集了大量的原始文献、各历史阶段的报纸书刊和对有关人士的访问录、回忆录等，装订成册有100多本，也为完成本书稿打下了良好的基础。本书引用的主要参考资料有《袁国平文集》、《袁国平纪念文集》（上卷、下卷）、《湘鄂赣革命根据地文献资料》、《邵阳党史通讯》等。

撰写本书稿，作者再次经历了一场灵魂的洗礼。袁国平出生于中国山河破碎、民族危亡的时代，为了国家和民族，不惜流尽最后一滴血。袁国平的博大情怀、执着追求和献身精神，不是一时的心血来潮，而是已经融入血脉，注入骨髓，其英雄壮举成为作者完成本书的不竭动力，写作时常有欲罢不能、不吐不快之感。

在编写过程中，得到军事科学院军队政治工作研究院领导和机关的大力支持；赵一平、康月田、张明金、李平、李博、陈政举等多位专家学者进行了审读，提出了宝贵的意见。

袁国平烈士的革命历程惊心动魄，英雄业绩理应永载史册，但限于篇幅，本书只能把袁国平一生最精彩的故事片段展现出来，很难一书概之，又由于笔者水平所限，不足之处在所难免，敬请专家和读者批评指正。

图书在版编目（CIP）数据

袁国平 / 军事科学院解放军党史军史研究中心编. --北京：学习出版社，2022.11
（中华先烈人物故事汇）
ISBN 978-7-5147-1101-1

Ⅰ.①袁… Ⅱ.①军… Ⅲ.①袁国平—传记 Ⅳ.①K827=6

中国版本图书馆CIP数据核字（2021）第254519号

袁国平

YUAN GUOPING

军事科学院解放军党史军史研究中心

责任编辑：彭绍骏　　封面绘画：刘书移
技术编辑：朱宝娟　　内文插图：韩新维
美术编辑：杨　洪　　装帧设计：楠竹文化

出版发行：学习出版社
北京市东城区崇外大街11号新成文化大厦B座11层（100062）
010-66063020　010-66061634　010-66061646
网　　址：http://www.xuexiph.cn
经　　销：新华书店
印　　刷：北京盛通印刷股份有限公司

开　　本：787毫米×1092毫米　1/32
印　　张：5.625
字　　数：80千字
版次印次：2022年11月第1版　2022年11月第1次印刷

书　　号：ISBN 978-7-5147-1101-1
定　　价：22.00元